무너진 정치, 답답한 광주

문학진이 간다

무너진 정치, 답답한 광주

문학진이 간다

초판인쇄일 | 2023년 12월 25일
초판발행일 | 2023년 12월 30일
지은이 | 문학진
펴낸곳 | 간디서원
펴낸이 | 최청수
주　소 | (03440) 서울시 은평구 가좌로 335, 2층
전　화 | 02)3477-7008
팩　스 | 02)3477-7066
등　록 | 제2022-000014호
E_mail | gandhib@naver.com
ISBN | 978-89-97533-52-7 (03810)

무너진 정치, 답답한 광주

문학진이 간다

문학진 지음

간디서원

차례

3부 광주의 일상이 바뀐다

4부 우리 삶을 바꾸는 정치!

나는 어떤 정치인인가?

'정치는 어떠한 직업인가?'

'정치인은 어떠한 사람이어야 하는가?'

'정치인에게 가장 필요한 덕목은 무엇인가?'

이 한심한 한국 정치판을 생각하면서 스스로에게 묻고 또 묻는다. 착잡하다. 그리고 자라나는 미래 세대들에게 너무나 부끄럽다.

보건복지부 장관을 지냈던 고 김근태 의원은 민주화운동을 하던 시절 고문 경관 이근안에게 이루 말할 수 없는 고통을 겪었다. 차라리 혀를 깨물고 죽고 싶은 고문을 겪어야 했던 근태 형을 생각하면 지금도 가슴이 아리다.

언론인 시절과 국회의원 시절, 근태 형과 나는 참 편안한 사이였다. 목소리가 조금 큰 나를 지긋이 바라보면서 미소를 지으시던 근태 형의 진솔한 모습이 떠오른다. 조금도 가식이 없는 순수한 인간이셨다. 정치권에서는 거의 찾아볼 수 없는.

한겨레신문 기자 시절, 고문 경관 이근안의 행적을 찾아 집요할 정도로 파고들었다. 경찰청(당시 치안본부) 출입 기자로,

인사과에 가서 파일을 뒤져 그의 소속(경기도경 공안분실장)과 인적사항을 낱낱이 파악해냈다. 후배 기자를 시켜 그의 주소지였던 동대문구 용두동사무소에 가서 주민등록대장의 사진을 떼어오게 했다.

마침내 고문 경관 이근안의 얼굴을 세상에 공개했다. 이 땅에 고문 경관들이 설치지 못하도록, 나는 이를 악물고 최선을 다했다.

정치인은 철학이 있어야 한다. 철학이 없는 정치인들은 나라를 망치는 더러운 장사꾼들이다. 이리 붙었다 저리 붙었다, 고도의 교활한 술수를 부리는 정치인들이 이 나라에 가득하다. 어떻게 우리 정치가 이렇게까지 천박해져버렸는가.

고민하고 또 고민했다. 밤잠을 이루지 못했다. 하지만 결심을 할 수밖에 없었다.

그렇다. 이 한심한 정치를 더 이상 두고 볼 수는 없다!

내가 가장 싫어하는 것은 은근슬쩍 뒤로 물러서서 시니컬한 비웃음 속에 자신을 감추는 것이다. 그것은 위선이고 또한 거짓된 자세다.

'참과 거짓이 싸울 때 어느 편에 설 것인가?'

스스로에게 묻고 또 물었다.

결심했다.

'이 한심한 정치를 뒤집어엎고 새로운 정치풍토를 만들자. 낡은 정치판을 부수지 않으면 대한민국은 희망이 없다. 누군

가는 그 역할을 담대한 가슴으로 대차게 해내야만 한다!'

'그리고 꽉 막힌 정치판과 닮은 꽉 막힌 경기도 광주시의 교통판도 확! 뚫어버려야 한다. 하남시 교통판을 시원하게 뚫어내었던 내가 누구보다 잘 할 수 있다!'

고민하고 번뇌하고 스스로에게 묻고 또 물었다.

'누군가가 그 역할을 해야 한다면 문학진이 그 역할을 하자!'

오늘 이 책을 펴내면서 지나온 인생을 눈을 감고 추억해본다. 편하게 살아온 것은 아니지만 부끄럽게 살지는 않았었구나.

고 김근태 형은 정치에 관해 보기 드문 명언을 남기셨다. "정치는 인간을 목적으로 보지 않고 수단으로 보게 만드는 직업이다!"

한 사람 한 사람 만날 때마다 이런저런 계산을 할 수밖에 없는 현실정치의 풍토를 개탄하면서 던진 말씀이다. 절묘하다.

하지만 미래 세대를 위한 희망의 정치는 인간을 목적으로 보는 사람 중심의 정치로 가야한다. 지금이 중차대한 전환점이다.

문학진은 당당하게 그리고 꿋꿋하게 그 길을 가고자 한다.

지켜보아 주시기를 부탁드린다.

대전환의 정치가 절실합니다

대전환의 정치가 절실합니다.

_정성헌(한국DMZ평화생명동산 이사장)

대한민국이 위기에 놓여 있습니다

_이재명(더불어민주당 대표)

꽉 막힌 민생을 확 뚫어줄, 저돌적 정치인의 출현

_이승철(시인, 한국작가회의 문인복지위원장),

안나푸르나의 설산처럼 믿음직한 일꾼!

_정수연(약사, 더불어민주당 청년당원)

대전환의 정치가 절실합니다.

정성헌(한국DMZ평화생명동산 이사장)

위기입니다.

전면적이고 총체적인 복합 다중위기올시다.

기후 위기와 생명의 위기가 근본의 위기이며, 대한민국 공동체의 분열 갈등과 붕괴 해체가 기본의 그것이며, 젊은이들의 우울증과 노인층의 고립과 빈곤 그리고 세계전쟁, 전면전, 국지전의 위험이 커지는 것이 현실의 위기입니다.

낙관적인 것은 없습니다.

오직 어제에서 교훈을 얻고 오늘의 위기를 직시하며 내일의 희망, 생명의 길, 새로운 길을 열어나가는 것만이 우리 모두가 갈 길입니다.

어떻게 해야 합니까?

대전환만이 유일한 생명의 길입니다.

생각을 바꾸고, 생활을 바꾸고, 사회구조를 바꾸고, 문명의 뿌리를 바꿔야만 새로운 길을 열 수 있습니다.

대전환만이 우리 국민과 인류를 새로운 사회(생명 사회) 새로운 문명(생물 문명)으로 이끄는 유일한 길입니다.

대전환의 정치 없이는 새로운 길은 열리지 않습니다.

오늘의 정치를 새삼스럽게 분석하지는 않겠습니다.

조선 시대의 붕당, 그 시대의 노론·소론 정도의 정쟁을 생각하면 족합니다.

거기에 정쟁의 디지털화를 더하면 오늘의 정치분석은 충분합니다.

어떻게 해야 합니까?

새로운 길은 철저한 반성에서만 그 길이 열릴 것입니다.

생명의 길은 과잉에서 적정으로! 다시 적음으로! 대전환해야만 걸을 수 있는 어려운 길 그러나 보람찬 길입니다.

모든 것은 때가 있습니다.

지금 여기서 대전환하지 못하면 우리 모두는 당대에서, 특히 우리 자식들은 그 누구도 겪어보지 못했던 어려운 상황을 겪을 것입니다.

그래서 대전환의 정치, 정치의 대전환이 절실합니다.

이 어려운 때에 문학진 전 의원이 정치를 바로 잡겠다고 나섰습니다.

여러분이 잘 아시다시피 그의 성품은 올바르고 큽니다.

국회의원 두 번, 경기평택항만공사 대표를 맡아 일머리를 깨우쳤습니다.

어려운 삶에서 서민들의 좌절과 희망을 배웠습니다.

그에게 대국착안, 소국착수, 실사구시, 정도실천의 열여섯 글귀를 드리고 싶습니다.

'생각과 구상은 커야 하고 계획은 매우 구체적이어야 하며, 엉터리 이념이나 정파적 시각을 배격하고 오직 현장과 현실에서 올바른 방도를 찾아내고, 편법과 사도를 버리고 정도로 가야 한다.'

전 지구적 안목으로 근본 위기를 파악하고, 풀 한 포기 밥 한 그릇이 나의 생명과 연결돼 있음을 감지하고 지구, 한반도, 대한민국 생명공동체를 이룩하는 것이 바로 우리 국민, 한겨레, 인류가 살길이라는 것을 알고 실천하는 지혜·노동·공존의 정치를 치열하게 조직해야 합니다.

이 길은 어렵고 힘들고 외로운 도정입니다.

그러나 이 길은 반드시 가야만 하는 길입니다.

이 길이 나와 너 그리고 모두를 살리는 길이기에 그렇습니다.

문학진 전 의원이 그 길에서 큰 일꾼의 소명을 다하도록 함께 격려해주십시오.

정직하고 담대한 그가 오늘의 한심한 우리 정치판을 갈아엎을 수 있도록 힘을 보태 주십시다. 감사합니다.

대한민국이 위기에 놓여 있습니다

이재명(더불어민주당 당대표)

대한민국이 위기에 놓여 있습니다. 민생의 생활고는 높아지고, 양극화도 심화되고 있습니다. 정부는 민생을 외면하고 국민 고통은 가중되고 있습니다. 갈등을 조율하는 정치는 사라지고, 정쟁만이 남아 있습니다. 『무너진 정치, 답답한 광주-문학진이 간다』에는 위기의 시대를 이겨낼 수 있는 문학진 전 의원의 이야기가 있습니다. 새로운 미래, 희망의 정치를 꿈꾸는 모든 분들에게 일독을 권합니다.

이재명

꽉 막힌 민생을 확 뚫어줄, 저돌적 정치인의 출현

이승철(시인, 한국작가회의 문인복지위원장)

위기의 한국 정치를 살려낼 '구원투수'는 있는가

한국 정치가 이토록 국민으로부터 불신을 받은 적이 없다. 윤석열 대통령의 리더십의 추락으로 그 지지율은 30% 내외로 고착화되어 있고, 여당은 반목과 질시로 야당 대표를 인정치 않음으로써 '상생(相生)'의 정치는 진즉부터 실종되었다.

또한 정치적 중립노선으로 국민 인권의 파수꾼 역할을 해야 할 검찰은 오로지 여당의 정치지형에만 동조함으로써 정치검찰이라는 오명을 쓰고 있다. 윤석열 정부 출범 후 21대 국회에서 화합과 상생 정치가 실종됨으로써 그 피해는 고스란히 국민들이 보고 있다. 말하자면 '민생정치'는 구두선(口頭禪)에 그칠 뿐 찾아볼 수 없게 된 것이다.

지난 20대 대통령선거 결과를 살펴보면 승자인 윤석열 후보는 '48.6%'의 득표율로 대통령에 당선되었지만, 이재명 후보가 얻은 '47.8%'에 비해 불과 0.8% 차이라는 사상 초유의 초박빙 승리로 대권을 거머쥐었다. 바로 그때 한국 정치가 제대로 작동하려면 승자의 반대편에 섰던 '47.8'의 국민들을 어떻게든 포용하고, 상생하는 정치 철학을 실천하는 데 그 초점이 맞춰져야 했다. 그러나 불행하게도 집권자인 대통령과 여당의 정치는 '상생'보다는 '정적(政敵) 타도'의 술수 정치만을 실행함으로써 국민적 원성과 불신을 자초하게 만들었다.

위기에 처한 한국 정치가 국민적 지지를 획득하는 방법은 그리 어렵지 않다. 상대를 인정하고, '상생'과 '포용', '약자 우선'이라는 정치적 방안을 실천하는 노력을 해야 하는 것이다. 일촉즉발의 냉전적 위기에 놓인 남과 북이 서로 만나 전쟁이 아닌 화해의 길을 모색해야 하고, 미국과 일본 일변도에서 탈피하는 균형감각을 지닌 외교에 치중해야 한다. 그리고 민생정치를 위해 사회적 강자, 대기업 위주의 경제 노선에서 탈피해 사회적 약자와 중소상공인들이 공존할 수 있는 화합의 정치환경이 조성되어야 한다.

계층과 세대가 불신과 반목에서 벗어나 서로 함께 살아갈 방안을 모색하는 동반자적 길을 걸어갈 때 현재처럼 좌와 우, 진보와 보수라는 양 진영으로 서로 분열된 국민들의 마음을 하나로 연결할 수 있다고 생각한다. 대통령이란 자리는 특정 정파의 이익만을 대변하는 게 아니라, 전 국민의 화합과 상생을 모색하는 중책을 지니고 있기 때문이다.

'신언(愼言)'의 정치와 '대의(大義)'의 정치

현실정치에 대한 대한민국 사람들의 관심은 전 세계에서 유례를 찾아볼 수 없을 만큼 지대하다. 일국의 '대통령'일지라도 그가 잘못된 정치행태를 보였을 때 우리 국민들은 그를 주저 없이 '탄핵'했기 때문이다.

'군주민수(君舟民水)'라는 말이 있다. 『순자』의 〈왕제〉 편에 나오는 말로 2016년 대학교수들이 뽑은 올해의 '사자성어(四字成語)'이기도 하다. 백성은 물, 임금은 배이니, 강물의 힘으로 배를 뜨게 할 수 있지만, 그 강물이 분노하면 배를 뒤집을 수 있다는 뜻이다. 다시 말해서 민심의 바다는 위정자(대통령)를 위해 배를 띄우기도 하지만, 그가 말과 행동이 다른 기만의 정치를 했을 때 그를 심판하기 위해 띄운 배를 뒤집기도 한다. 내세운 말과 정치적 행동이 다를 때 국민들은 그 정치지도자를 단죄한다는 속뜻을 담고 있다.

한국의 역대 대통령 중 이승만, 박정희, 전두환, 노태우, 이명박, 박근혜 대통령의 정치적 말로(末路)가 어떠했는지 짚어보면 이를 잘 알 수 있을 것이다.

일국의 정치지도자가 포악한 정치, 즉 학정(虐政)을 일삼고, 살벌한 권세로 세상을 다스리면 난세(亂世)가 된다. 난세란 바로 국민들이 못살게 되는 세상이다. 악(惡)이 선(善)을 짓밟게 될 때 정의(正義)는 실종되기 때문에 국민들은 바른 세상, 즉 대의(大義)를 실천하기 위해 이전과 다른 결정을 하게 된다.

따지고 보면, 지난 대선에서 윤석열 대통령이 간발의 차이로 승리할 수 있게 된 까닭도 “공정과 상식을 회복하고 국민에게 충성하겠다”라는 그의 정치적 선언이 좀 더 많은 국민들로부터 지지를 얻어낼 수 있었기 때문이었다.

그렇다면 집권 2년 차에 이른 지금, 우리 국민들은 과연 공정과 상식을 온몸으로 실감하고 체득하고 있는지 묻고 싶다. ‘신언(愼言)’이라는 말이 있다. ‘말조심’을 다하라는 뜻이다. 세치 혀로 한번 내뱉은 말은 반드시 행동으로 실천해야 국민적 신뢰가 조성된다. 책임지지 못할 말을 함부로 내뱉어 국민들을 우롱한다면 급기야 경을 치는 법이다. 지키지 못할 약속으로 ‘신언’을 포기한다면, 어느 국민이 그 위정자(대통령)를 순순히 따르고, 지지하겠는가.

검찰총장 출신 윤석열은 2022년 5월 10일에 대통령에 취임했다. 그런데 대학교수들이 그해의 사자성어로 발표한 것은 ‘과이불개(過而不改)’라는 말이었다. 『논어(論語)』의 〈위령공〉 편에 나오는 말로 ‘잘못을 하고도 고치지 않는 정치 현실’을 꼬집었던 것이다.

나는 ‘정치평론가’는 아니지만, ‘시인’으로서 혹은 ‘작가’로서 그동안 한국 정치 현실에 적잖은 관심을 가져 왔다. 한국 정치의 올바른 길, 대의(大義)의 정치를 실천하는 ‘정치인’을 간절히 염원했기 때문인지도 모른다.

진정한 정치인을 평가하는 세 가지 원칙과 기준

나는 '정치인'을 평가하는데 있어 세 가지 원칙과 기준을 갖고 있다.

첫째, 그가 과연 신뢰할 수 있는 정치인인가?

'신뢰'라는 말은 그가 곧 의(義), 올바른 정치를 실천한 삶을 살아왔고, 그것을 실천할 능력이 있는가라는 것을 뜻한다. 일찍이 공자(孔子)께서 말씀했듯이 군자는 '의지여차(義之與此)'라고 했다. 인(仁), 어진 정치를 실천하기 위해선 오로지 의(義)를 따르는 삶을 그가 얼마나 적극적으로 해왔는가를 살펴보면, 그가 과연 신뢰의 정치인인지, 아닌지를 판단할 수 있다.

한국 정치의 고질적인 병폐의 하나가 "낮에는 야당, 밤에는 여당"을 하는, 이른바 '사쿠라 정치', 요즘 말로 '수박 정치'의 행태다. 겉은 파란데 속은 빨간, 이른바 수박 정치의 폐해는 결국 집권세력을 견제하지 못함으로써 정치를 바른 길, 올바른 길(正道)로 이끌지 못하게 만든다. 말하자면 정당인은 당론을 따르는 게 대의(大義)인데 자신의 정치적 이해관계로 정치인의 본분을 망각하고, 결과적으로 집권세력의 정치적 목적에 동조하는 사이비 정치인의 행태를 우리는 한국정치사에서 수없이 목격한 바 있다. 그 때문에 우리는 지금, 누구보다도 '신뢰의 정치인'을 원하고 있다.

둘째, 그가 과연 용기 있는 정치인인가?

'용기'라는 말은 불의(不義)를 용서하지 않고, 불의와 타협하지 말라는 말이다. 국민들은 의(義)를 좇아 과감히 실천할 수 있는 정치인을 원한다. 불의 앞에 비겁하지 않고, 비굴하지 않은 정치인은 결국 난세를 평정하고 치세(治世)의 정치, 즉 국민들의 마음을 평안하게 하는 정치를 만들 수 있다.

조선시대 참다운 '선비'는 바로 자신의 목숨과 자리를 내놓고 위정자인 왕에게 용기 있는 직언(直言)을 행하는 것을 두려워하지 않았다. 바로 '선비정신'의 실천이다. 허나 직언의 결과는 직언한 사람을 때론 불행하게 만든다. 조선시대 때 위정자인 왕에게 직언한 선비들을 보면, 그가 파직되어 벼슬자리에서 쫓겨나거나 혹은 감옥에 갇히거나 귀양살이를 해야 했다. 때론 사약을 받고 목숨을 잃기까지 했다. 직언하는 선비는 장차 자신에게 어떠한 불행이 다가오는지 알면서도 통치자의 잘못을 지적했고, 정부의 과오를 바로잡으려 했다. 그의 충직한 직언은 다름아닌 백성(국민)들이 처한 고초와 불행을 타파하기 위함이었다. 자신의 희생을 담보로 잘못된 정치 질서를 바로잡기 위해서였다. 그러기에 직언의 선비정신은 지금도 우리들에게 많은 것을 가르쳐 준다.

선비의 직언이 나라의 명운(命運)을 가른다는 말이 있다. 위기의 시대에는 통치자의 잘못된 점을 과감히 지적하는 용기 있는 정치인을 간절히 필요로 한다. 권위주의 시대에 과감하게 맞서다가 고초를 겪은 정치인, 다시 말해서 '직언의 정치인'으로 우리는 김대중(DJ), 김영삼(YS)을 기억하고 있다. 도덕적 용기를 갖춘 '선비정신'이야말로 오늘의 한국 정치에 필요한 덕목이라고 생각한다.

셋째, 국민의 편에서 '인권의 정치'를 실천할 정치인인가?

공자의 『논어』의 〈위정〉 편은 공자 정치사상의 핵심을 담고 있다. 올바른 정치인의 자세에 대해 언급하고 있는 것이다. 위정(爲政)은 정치를 행함을 뜻하고, 그것은 바로 세상을 다스리는 방법을 의미한다. 충분히 배운 다음에 정사에 참여하는 것이 위정이다. 그래서 『논어』는 〈학이(學而)〉 편의 다음에 〈위정〉 편을 두었다.

그렇다면 누가 세상을 다스려야 하는가? 공자는 세상을 다스리는 사람(위정자)은 덕(德)으로써 다스려야 한다고 강조했다. 공자가 말하는 정치의 덕은 인(仁)에 비롯되는 것이지, 법(法)에 의한 권력을 의미하지 않는다. 그 때문에 공자가 밝히는 덕치는 곧 인정(仁政)이다. '위정이덕(爲政以德), 덕으로써 어질고 착하게 다스리는 것이 공자의 정치사상의 핵심인 것이다.

공자는 이것을 '왕도(王道)정치'라고 말했다. 덕으로써 세상을 바로잡아야지 법이나 힘으로 바로잡지 말라 했다. 법과 힘으로 다스리는 것을 '패도(覇道)정치'라고 했다. '패도'는 다름 아닌 법을 가장한 '폭력'으로 다스리는 것이다. 패도를 버리고 덕으로 다스리는 것을 강조한 것은 백성(국민)이 그것을 원하기 때문이다.

'왕도정치'란 요즘 말로 하면 '인권정치'를 의미한다고 생각한다. 국민의 삶과 고통을 자기화하는 정치는 현대 정치의 핵심이다. 하지만 이즈음의 한국 정치인들은 입으로는 허구헌날 '민생(民生)' 타령을 수없이 외치고 있지만, 실제로 '민생정치'를 실천하는 정치인은 매우 드물다.

'곧은 사람'보다는 '굽은 사람'이 정치판을 휩쓸 때 정치는 파탄나게 마련이다. 국민들의 살림살이를 돌보지 않고, 오직 당리당략에만 함몰될 때 세상은 난세가 된다. 난세가 되면 국민들은 위정자들을 따르지 않게 된다. 민심이반(民心離反)이다. 민심이 떠나게 되면 그 정치는 온전하지 않다는 것을 의미한다. 국민들로부터 사랑받지 못하는 정치가 판을 칠 때 고스란히 그 피해를 보는 것은 바로 주권자인 국민들이다.

그러므로 주권자인 국민은 눈 부릅뜨고 '왕도정치, 인권정치, 민생정치'를 실천할 자질을 갖춘 정치인을 잘 선택해야만 한다. 그렇지 못할 때 생존은 위협받고 민생은 실종됨으로써 가난한 자와 정치적 약자는 더욱더 소외되는 현실정치 속에 비루하게 살아가야 한다. 정치인을 잘못 선택하게 되면 그 정치는 호랑이보다 더 무서운 형국을 초래하게 된다.

민주주의가 위협받을 때 문학진의 용기와 실천

"될성부른 나무는 떡잎부터 알아본다"는 말이 있다. 크게 될 사람은 어릴 적부터 남다르다는 뜻이다. 또한 한 사람의 과거를 보면 현재를 알 수 있고, 현재를 보면 미래를 알 수 있다는 말도 있다. 정치인을 판단하는 중요한 기준과 잣대로 삼는 것은 그가 과거에 어떠한 삶을 살아왔는가를 살펴보는 것이 그 때문이다.

문학진의 인생역정과 정치적 비전을 담고 있는 이 책을 읽어보노라면 우리는 "될성부른 나무는 떡잎부터 알아본다"는 말에 공감하게 된다.

문학진은 어려서부터 명석하고 정의감이 남달랐지만, 가정형편 때문에 대학에 진학할 처지가 못 되었다. 하지만 그는 자신의 불우한 처지에 굴복하지 않고 용기 있게 고교 선배들을 찾아다니며 자신만의 자질과 능력을 홍보하면서 입학금을 마련하고자 동분서주했다. 또한 그의 의리와 정의감을 알아본 동창들이 십시일반 모아준 입학금에 힘입어 그는 자신에게 닫혀 있던 대학의 문을 과감히 열어젖혔던 사람이다.

문학진이 고려대 사학과를 입학했던 1974년은 이른바 '박정희 유신체제'로 한국 민주주의가 위협받던 시기였다. 그 때문에 학생들과 민주인사들의 반발로 유신체제가 도전받자 박정희 대통령은 1974년 1월 8일, 이른바 '대통령 긴급조치 1호'를 발동하게 된다. 유신헌법을 반대하는 자에게 법관의 영장 없이 체포, 구속, 압수, 수색하여 비상군법회의에서 15년 이하의 징역에 처한다는 사상 유례없는 악법이었다. 정치적 반대편을 마구잡이로 체포, 구속하는 등 폭압적인 유신헌법으로 인권은 헌신짝처럼 내버려지게 된다. '인권유린의 정치 현실'

— 이때 문학진은 고려대에서 유신헌법 철폐와 참다운 민주주의 실현을 내세우며 학내 시위를 주동하게 되고, 그 결과 학교에서 제적을 당하는 불운을 맛보게 된다. 명문대에 입학한 지 1년 만에 대학에서 제적을 당하자 그 가족들의 심정이 어떠했을지 충분히 상상이 된다.

어려운 가정형편이었기에 번듯한 졸업장으로 좋은 직장에 취직하기만을 고대하던 가족들의 상심을 뒤로 하고 그는 생계를 위해 출판사, 여행사 등을 전전하면서 잡초처럼 꿋꿋하게 살아갔다.

'10·26사태'로 박정희 대통령이 중앙정보부장의 손에 의해 암살되자 문학진은 '서울의 봄'을 맞아 대학에서 제적된 지 5년 만에 복학되었고, 늦깎이 대학생 생활을 다시 시작할 수 있었다. 그러나 '12·12쿠데타'를 일으킨 전두환, 노태우 등 신군부 일당에 의해 '서울의 봄'은 미처 꽃망울을 피우지 못하고 스러져 가야 했고, 문학진은 수배자 신분이 되어 '무기정학' 처분을 받게 된다.

대학 입학 10년 만에 가까스로 졸업장을 거머쥘 수 있었지만, 민주화에 투신한 문학진이 받아야 했던 그 고통의 세월은 어찌 말로 다 표현할 수 있을까. '한국 민주주의'가 이만큼이라도 성장하고 그래도 우리가 정치적 자유를 맛보게 된 것은 '문학진'처럼 정치적 자유와 민주주의라는 대의를 위해 희생당한 '아름다운 청년'이 있었기에 가능했던 것이다.

일찍이 정치인 김대중은 '민주주의자'로서 '민주주의'가 지닌 의미를 이렇게 피력한 바 있다.

"민주주의 없이는 정치적 자유도 인권의 보장도 없습니다. 민주주의 없이는 경제가 아무리 성장해도 공정한 분배가 없고 국민들이 잘살지 못합니다. 물가도 안정되지 않습니다.

민주주의 없이는 여러분의 자식 교육을 위해 막대한 지출을 해야 하고, 병들었을 때 의지할 데가 없고, 노후에 고통을 겪는 등 사회보장도 해결되지 않습니다. 민주 정부만이 교육과 건강과 노후에 대한 우리들의 생활문제를 보장합니다. 부끄러운 줄 모르고 재산을 모으는 부정부패를 막기는커녕 그런 사실이 있다는 것도 우리는 모르게 됩니다. 또한 민주주의 없이는 진정한 안보가 없습니다.

도덕 정치는 민주정치 아래서만 실현됩니다. 진정한 민주정치만이 국민을 주체로 대하여, 그 참여를 보장하며, 인간의 조건과 사회의 조건을 개선, 실현할 수 있기 때문입니다. 그러므로 민주정치만이 국민적 정통성을 주장할 수 있습니다."

유신독재와 신군부의 12·12군사쿠데타로 한국 민주주의가 위협받게 되자 문학진은 용기있게 자유와 정의를 위한 국민적 저항의 대열에 참여, 헌신했다. 그런 의미에서 문학진은 민주주의가 위협받고 있는 바로 이 시기에, 우리가 갈망하는 정치적 자질을 충분히 갖추고 있는 사람이라고 생각한다.

인권과 정의, 민생정치의 실천자로서 문학진

'굽은 사람'을 몰아내고 '곧은 사람'이 정치현장을 지킬 때 정치는 생명력을 얻고 피어나게 된다. 특히 민주주의의 꽃은 의회민주주의라는 말이 있듯이 국회는 나랏일을 논의하는 토론장이자 국민의 이익을 보호하는 회의장이 되어야 한다. 국회는 정치개혁과 나라의 안정을 이끄는 역할을 할 때 국리민복은 달성되고, 공자가 주장했던 '왕도정치'가 꽃필 수 있게 되는 것이다.

문학진은 1984년 260대 1의 경쟁률을 뚫고 조선일보 기자로 입사했지만, 대학 시절 시위경력이 문제가 되어 편집국(조선일보) 기자가 아닌 출판국(『월간조선』) 기자로 차별 발령을 받게 된다. 하지만 문학진은 그러한 차별에도 불구하고 월간지 기자로서 '부천서 성고문 사건'의 장본인, 문귀동의 행적을 추적하여 전두환 정권의 부도덕성과 인권탄압의 실상을 국민들에게 알리는 기사를 썼다. 구두공장 사장으로 변신한 그를 추적하여 인권유린을 자행한 그의 행적을 보도함으로써 결국 그가 국민적 심판을 피할 수 없도록 했다.

또한 문학진은 1988년 12월 〈한겨레신문〉 창간 멤버로 합류하여 전두환 정권의 인권유린 실태를 또다시 폭로하여 전국민적 관심을 불러 모았다. 1985년 전두환 폭압정권 당시 경찰은 민주인사들에 대한 고문을 밥 먹듯이 자행했고, 그 때문에 남영동 대공분실로 끌려간 김근태(민주화운동청년연합 의장,

훗날 국회의원) 선생은 22일 동안 끔찍한 고문을 당한 적이 있었다. 결국 그 고문의 후유증으로 '민주주의자 김근태 의원'은 향년 64세의 일기로 이 세상을 떠나야 했다.

한겨레신문 기자 문학진은 특유의 기자 정신을 발휘하여 그동안 숱한 공안사건을 조작한 '얼굴없는 고문 기술자' 이근안 경감의 실체를 추적하여 세상에 널리 폭로함으로써 한국 민주주의가 한 발자국 진전하는 데 큰 업적을 남겼다. 그러기에 나는 문학진이라는 사람을 주목하지 않을 수 없다.

요즈음 언론은 국민적 불신을 받고 있다. 그 때문에 기자 정신이 실종된 일부 기자들을 향해 '기레기'라는 비판을 한다. 권력자 혹은 권력기관의 편을 들어 국민들의 알권리를 무시하고 쓰레기 기사를 사실처럼 보도하는 현실을 씁쓸하게 조롱하곤 한다. 허나 문학진 기자처럼 권력의 눈치를 살피지 않고 '직언'을 서슴지 않는 기자 정신을 지닌 정치인을 우리는 지금, 갈망하고 있다.

기다림의 미학을 실천한 행동하는 정치인, 문학진

문학진은 언론사 기자에서 정치인 문학진, 국회의원 문학진으로 변신하기까지 무려 10년 동안 기다림의 미학을 익힌 사람이다. 2000년에는 하남과 광주의 선거구가 분구되어 이른바 '3표차'로 낙선함으로서 국회의원 선거사상 유례가 없는 별명, '문세표'라는 닉네임을 얻기도 했다.

3번의 낙선 경험을 했고, 노무현 대통령의 비서실 정무비서관으로 발탁되어 6개월간 청와대에서 근무했다. 이 기간 중 문학진은 현실정치의 쓰라림을 맛보았지만, 자신의 정치적 소신과 신념, 민주주의 원칙을 지켜내고자 했다. 그리하여 정치 입문 10년 만에 그는 국회 입성에 성공할 수 있게 된다. 2004년과 2008년 제17대, 18대 국회의원으로 하남시 선거구에 연이어 당선됨으로써 "7전 2승 5패로 승률 28.6%"의 정치인이 되었다.

적어도 내가 알기론 정치인 문학진, 국회의원 문학진은 우리 시대가 원하는 '국회의원 상(像)'을 보여주고자 부단히 노력했다는 것이다. 문학진 하면 떠오르는 것은 그 누구 앞에서도 할 말은 하는 사람, 말한 만큼 행동하는 사람, 지역구민의 입장에서 민생문제를 철저히 파헤치고 해결하는 정치인이 되고자 했다는 것이다. 특히 국회 행정안전위와 건설교통위 위원으로서 '하남경찰서' 신설이라든가 하남신도시, 미사지구, 위례신도시 조성사업과 지하철 5호선 하남 연장 등의 사업은 문학진 의원만의 뚝심과 소신정치가 있었기에 가능했다.

그에게 얼마간 부정적인 인상을 심어준 '국회 해머사건'도 따지고 보면 민주주의 실천과정에서 벌어진 일이자, 몸소 민주당 지도부 당론을 실천하는 과정에서 비롯된 것이기에 충분히 이해할 만한 소지가 있다.

그 당시 여당(한나라당)은 야당(민주당)과 상의 없이 농민들과 중소상공인들의 명줄이 걸리고, 한국경제에 막대한 영향을 끼치는 〈한미FTA 비준 동의안〉을 날치기 상정하려고 했다. 이에 민주당과 민노당 의원들의 선봉에 선 문학진 의원은 2008년 12월 18일 외교통상통일위원회 위원장실 문을 오함마(해머)로 때려 부쉈다. 이날 외교통상통일위 한나라당 소속 의원들은 〈한미FTA 비준동의안〉을 단독 상정하기 위해 야당 의원들의 회의장 진입을 봉쇄했기 때문에 문학진 의원 등은 대의정치의 실천이라는 입장에서 '여당 단독 날치기 통과 회의장' 문을 해머로 부수고 진입했던 것이다.

말하자면 잘못된 의회정치에 경종을 울려주기 위해서였다. 그러나 언론은 '해머'만을 부각한 채로 그 사건의 '진실'을 파헤치려 하지 않았다. 이 때문에 문학진 의원은 민노당의 강기갑 의원과 함께 국회의 모든 회의에 30일간 '출석정지' 조치라는 초강경 결정을 받았다.

허나 이 사건의 본말과 그 원인제공을 무시하고 문학진 의원의 '오함마'만을 지적하는 것에 대해 나는 납득할 수 없다. 오히려 그는 민주주의의 근간이 의회에서 무너질 때 분연히 떨쳐 일어난 결기 있는 정치인으로 찬사받아야 함을 나는 강조하고 싶은 것이다.

꽉 막힌 것을 오함마로 때려 부수는 저돌적 정치인, 문학진

문학진 의원은 지난 2008년부터 이재명 민주당 대표와 정치적 동지로서 그 행보를 같이 해온 것으로 알고 있다. 2010년 성남시장 선거 당시 이재명 변호사가 성남시장 후보가 될 수 있도록 민주당의 조직강화특위 위원으로 적극 후원했다는 사실뿐만 아니라, 이재명 성남시장이 2017년 민주당 대선 후보 경선에 참여했을 때 그를 돕기 위한 '경선캠프'를 꾸리기도 했다.

이재명 경기도지사 시절, 문학진 전 의원은 '경기평택항만공사' 사장으로 부임하여 현실정치 현장과 조금은 떨어져 지낸 것으로 알고 있다. 그러다가 지난 20대 대선 당시 문학진 전 의원은 잔여임기가 남은 사장직을 그만두게 된다. 의리를 지닌 정치인의 면모다. 대선 기간중 문학진 전 의원은 '민주당 대통령 후보 이재명 정무특보단 단장'이라는 직함으로 전국 지역을 샅샅이 2번이나 돌면서 5만 5천 명의 정무특보단을 조직했다. 각 지역 발대식에 참석해 당원들을 격려하고, 자기 선거보다도 더 열심히 활동했다. 대선 결과는 석패했지만 문학진이 마치 자신이 후보가 된 것처럼 열성을 다한 것을 민주당원들은 익히 잘 알고 있다.

흔히들 정치는 '타이밍'이라고 말한다. 우리말로는 그걸 시중(時中)이라고 표현한다. 좌고우면하지 않고 어떤 시기와 계기가 왔을 때 직진하여 돌파하는 정치인의 자세가 필요하다. 그것은 대학입학이 좌절될 위기에 처하자 오히려 운명을 돌파하고자 했던 청년 문학진의 정신이기도 하며, 이 나라 민주주의가 위기에 처했을 때 학생운동에 뛰어들어 불이익을 받게 되었지만, 좌절하지 않고 세상사를 뚫고 개척했던 문학진만의 돌파력에 경의를 표하고 싶다.

"하늘은 스스로 돕는 자를 돕는다"는 말은 무엇을 뜻하는가.

제우스 신(神)에게서 '불'을 훔쳐 인류에게 빛과 따스함을 안겨준 '프로메테우스'처럼 그는 독재자가 훔쳐간 '민주주의'라는 특권을 국민들에게 선사했다는 이유로 그동안 적잖은 수난과 고생을 했던 사람이다.

민주주의가 위협받고 있고, 민생정치를 나 몰라라 하고 있는 이즈음의 꽉 막힌 정치, 답답한 현실정치를 보노라면 나는 문학진 전 의원의 '오함마' 한 방이 그리워진다.

말하자면 저돌적인 강력한 추진력으로 민생의 활로를 모색하는, 문학진만의 정치적 결단과 추진력이 지금 절실하게 요구되는 때다. 그가 경기도 '광주'라는 지역을 발판삼아 큰 정치인으로 거듭날 수 있기를 우리가 이제, 그에게 힘과 용기를 주어야 할 때라고 생각한다.

이승철

1983년 전남 함평에서 태어나 호남대 행정학과를 수학했다. 시 무크 『민의』 제2집 〈시와 현실〉로 문단에 데뷔했다. 등단 이후 출판계에 입문하여 나남, 인동, 황토, 작가, 화남출판사 등에서 편집장, 대표, 편집주간을 역임했다.

주요 시집으로 『총알택시 안에서의 명상』, 『당산철교 위에서』, 『오월』, 『그 남자는 무엇으로 사는가』 등과 산문집으로 『광주의 문학정신과 그 뿌리를 찾아서』 등을 출간했다.

화남출판사 편집주간 시절 노무현 대통령 추모시집 『고마워요 미안해요 일어나요』, 김대중 대통령 추모시집 『님이여, 우리들 모두가 하나되게 하소서』 등을 기획, 출간했다. 〈민족문학작가회의〉 사무국장, 〈한국문학평화포럼〉 사무총장을 역임했으며, 현재 (사)한국작가회의 이사 겸 문인복지위원장으로 활동하고 있다.

안나푸르나의 설산처럼 믿음직한 일꾼!

정수연(약사, 더불어민주당 청년당원)

서울 한복판 이태원에서 대낮에 참혹한 압사 사고로 159명이 죽었다. 그러나 1년이 지나도록 국가에 책임지는 사람이 단 한 명도 없다. 경찰청장은 입건조차 되지 않았고 행정안전부 장관과 용산구청장은 여전히 현직을 유지하고 있다. 국민들은 국가는 어디에 있느냐며 여전히 트라우마 속에 살고 있는데 대통령과 그의 친구들은 도리어 당당하고 뻔뻔한 몰염치로 할 말을 잃게 만든다.

국민 앞에 부끄러움을 알아야 할 사람들이 오히려 버젓이 큰소리치며 활개 치는 시대다. 이태원, 잼버리, 대통령 처가 일가 땅으로 종점이 바뀌어 버린 양평 고속도로에서도. 국민 앞에 고개를 들 수 없어야 하는 이들이 뭉개고 물타기 하고 가짜뉴스라 윽박지른다. 책임을 묻지 않으니 참사가 반복되고 책임 없는 권력들만 늘어간다.

문학진 전 의원의 삶을 반추하는 글을 읽고 있으면 우리의 현대사가 담긴 역사책을 읽는 듯하다. 역사의 순간들마다 비켜선 적 없는 그는 고문 경찰관의 이름 석 자를 세상에 알렸고, 정의로운 그의 펜은 진실로 고문 경찰관보다 힘이 셌다.

지금의 내 나이와 같은 딱 서른 중반에 문학진은 권력에 굽신거리지 않는 살아있는 신문을 만들겠다며 한겨레신문 창간에 함께했다. 독재 정권하의 부패한 언론으로 모멸감을 느끼며 기자 생활을 하느니 주머니는 가벼워도 역사 앞에 당당하고 싶었던 청년 문학진의 뜨거운 가슴의 이야기를 이 책에서 생생히 만날 것이다.

그는 백범 김구 선생의 사상을 마음에 담고 정치를 시작한다. 일곱 번의 도전, 어디서 그런 용기가 샘솟는 걸까? 세상을 바르고 정의롭게 생동하고자 하는 그의 열망은 퍼내고 퍼내어도 다시금 차오르는 마르지 않는 샘물 같다. 때로는 거꾸로 되돌아갈지라도 그가 비켜서지 않고 마주했던 역사의 순간들에는, 사회를 변화시키고자 하는 수많은 사람들의 힘과 정념이 함께하고 있었다.

지금 대한민국은 초고령 사회, 심각한 저출생 사회로 변화하고 있다. 더불어민주당이 대전환의 담론을 제시하고 주도하여, 실력있고 일하는 정당으로 거듭나길 바란다. 옳고 그름의 잣대만 들이밀며 상대를 비판하고 반사이익에서 정당성만 찾는 정치는, 종국에는 스스로 위축되어 국민의 외면을 받기 마련이다. 유능하고 열정 있는 정치 인재를 키워내고 더 많은 기회를 열어줘야 한다.

이런 든든한 리더십을 문학진 전 의원에게 기대하게 된다. 우리 사회를 혁신하는 데 강하고 힘차게 달려나갈 민주당을 만들고, 열정을 가진 바른 사람들이 모여들도록 그의 경험과 신념이 아주 멋진 울타리를 만들어 줄 것으로 믿는다.

지난봄 네팔 안나푸르나에 다녀왔다. 트레킹 3일 차 비바람에 쫄딱 젖어 해발 3000미터 고지에 올랐다. 여관 난로 앞에 젖은 우비와 등산화를 널어두고 창가에 앉아 저녁 식사를 기다리는데 비구름이 걷히고 석양이 비친 안나푸르나 남봉이 또렷한 모습을 드러냈다. 유독 산을 좋아하는 어느 호탕한 어른이 생각났다. 며칠째 꺼두었던 휴대전화를 켜고 사진을 찍고 롯지 사장에게 1달러를 쥐여주고 와이파이를 처음 연결했다. 사진 한 장을 보내는 데 5분이 걸렸다. 제일 잘 나온 사진을 골라 보내며 "이거 보내려고 1달러 썼어요" 하니 "100달러 줄게"라는 문 전 의원님다운 답이 돌아왔다. 하늘과 닿은 새하얗고 큰 설산처럼 민주당의 큰 어른으로, 우리 정치의 올곧은 거목으로, 든든하고 믿음직한 지역의 일꾼으로 거듭나는 문학진 의원을 기대한다.

1부
문학진이 간다!

가난한 집 수재, '올바른 정치' 꿈을 꾸다

십시일반 – 살아갈 길 일깨워준 기적

10년 만에 쥔 졸업장 – 반독재로 점철된 학창시절

기자의 사명, '진실 보도'로 민주화에 기여하다

가난한 집 수재, '올바른 정치' 꿈을 꾸다

나의 고향은 광주다.

경기도 광주군 구천면 곡교리 57번지가 나의 출생지다. 지금은 서울시 강동구 천호동이 된 곳이다.

내가 3살 때 아버지가 충주에 있는 비료공장에 취직이 되어, 초등학교 5학년까지 충주에서 유년기를 보냈다. 그 사이

초등학교 시절 가족사진

구천면은 서울시로 편입되어 천호동으로 불리게 되었다.

나는 공부를 제법 잘했다. 공부만 잘 한 게 아니라 웅변에도 재능이 있어서 자주 입상을 했다. 그러다 보니 장남인 나는 어느새 집안의 기대를 한 몸에 받게 되었다.

아버지는 더 나은 곳에서 나를 교육시키기 위해 다시 고향(이제는 서울이 된)으로, 천호동 이모 댁으로 나를 올려보냈다. 나는 구서국민학교로 전학을 가게 됐다(지금은 천호초등학교로 이름이 바뀌었다).

거기서도 나는 계속 두각을 보였고, 고교평준화가 도입되기 이전이라 중학교도 입시로 들어가던 1967년, 전국 최고 명문을 다투던 서울중학교에 떡하니 입학을 할 수 있었다.

웅변 잘했던 똑똑이, 집안의 기대 한 몸에 받다

아버지와 어머니의 어깨가 얼마나 으쓱하셨을지, 집안의 기대가 오죽했을지 눈에 선하다. 집안을 일으킬 희망의 끈이 장남을 통해 보이기 시작했으니 말이다.

그 시절 대부분이 그랬듯, 우리 집도 '가난'과 끝이 안 보이는 싸움을 해야 했다. 특히 나의 부모님은 두 분 다 함경도 출신이어서 그 절박함이 훨씬 더했다.

두 분은 한국전쟁 직후 남한에서 만나 결혼하셨다. 아버지는 1.4 후퇴 때 홀로 내려오셨기에 도움을 받을 일가친척이 한 사람도 없었다. 그런 형편에 장모님(나의 외할머니)까지 모셔야 했다. 아마 그 현실을 벗어날 유일한 탈출구는 자식들의 '입신양명'이라 여기시지 않았을까.

내가 서울중학교에 입학하면서 십여 년 다니시던 충주의 비료공장을 곧바로 그만두고 조그만 사업을 시작하신 것도 그 때문이지 않았나 싶다. 월급쟁이 살림으로는 아무래도 자녀들 뒷바라지가 버겁다 느끼셨을 것이다. 사업이라도 일으켜서 자녀 교육을 조금이라도 더 잘 시켜보고 싶으신 마음 아니었겠는가.

하지만 아버지의 사업은 뜻대로 잘 되지 않았고 오래지 않아 접게 되었다. 충주 비료공장에 다니시던 때에는 유복하지는 않아도 큰 걱정 없이 지냈지만, 사업이 실패로 돌아간 후로

구서국민학교(현 천호초등학교) 졸업식. 외할머니, 이모, 이종사촌 형, 여동생과 함께(1967).

아버지는 경제적으로 다시 일어서지 못하셨다.

우리 집은 다시 가난과 씨름을 벌여야 하는 형편이 됐고, '함경도 또순이' 외할머니와 어머니의 억척스러운 노력으로 시장 좌판과 편물 같은 일거리로 근근이 생계를 이어갔다.

정치에 대한 관심 커진 사춘기

나의 서울중학교 시절은 가족의 기대에 부응하듯 착실하게 이어져 갔지만, 한편으로 '정치'에 대한 관심이 자라기 시작했던 시기이기도 했다.

주어진 학교 공부만 하기에는 피가 뜨거웠던 나의 기질, 일종의 정의감 때문이었을까. 우리 식구들은 다 열심히 일하고 노력하는데 왜 우리 집 살림살이는 제자리인가 하는, 현실에 대한 의문이 머릿속에서 떠나지 않았다. 개인적인 노력을 넘어서는 사회와 국가의 발전, 그리고 이를 가능케 하는 정치에 대한 관심이 자라났다. 자연히 신문 기사의 정치면이나 사설을 꼼꼼히 챙겨 읽는 습관도 생겼다.

지금 돌이켜 생각하면 웃을 수밖에 없는 에피소드도 있었다. 중3 끝나갈 무렵 '나의 포부'를 적어내는 수업시간이 있었는데, 육사에 진학하여 군인으로 국가에 충성하다 정계에 투신하겠다는 각오를 적어서 냈더니, 담임 선생님이 내 글을 뽑아들고 낭독한 것이다.

정치에 대한 나의 관심과 가난한 집안 사정을 잘 알고 있던 담임 선생님이 정치를 하려면 육사를 가는 게 좋다고 권유하신 영향 때문이었다. 육사는 국비로 교육받는 곳이라 비용이 들지 않아 집안 형편에 도움이 될 것이고, 또 5.16군사쿠데

서울고등학교 졸업, 어머니와 함께(1973년).

타로 군부세력이 집권한 이후부터 육사는 정치가, 권력자들을 배출하는 곳이란 나름의 사회적 인식이 생기지 않았던가.

물론 당시로서는 나의 처지와 희망, 장점을 잘 감안하신 선생님의 진심 어린 조언과 충고였을 것이고, 그만큼 나를 생각해 주셨다는 점에서 감사한다.

하지만 이후 민주주의 쟁취를 위해 군부독재와 오랜 기간 싸워 왔던 나로서는 지금에 와서 쓴웃음으로 회상하는 기억이 됐다. 그래도 '올바른 정치란 무엇인가. 누구를 위해 필요한 것이 정치인가' 라는 정의감과 각오만은 그 시절부터 뚜렷했다는 뿌듯함도 함께 느끼곤 한다.

사회를 바꿀 '올바른 정치' – 진지한 열정이 자라나다

사회와 정치에 대한 관심이 커지긴 했으나, 학업을 게을리하지 않은 덕분에 전국 최고를 다투던 서울고등학교에 어렵지 않게 진학할 수 있었다.

그런데 그간 관심을 키워온 정치를 나도 시작해보고 싶다는 마음이 자라난 것일까, 서울고등학교에 입학하자마자 제일 먼저 한 일은 1학년 회장 선거에 출마한 것이었다.

초등학교 때부터 갈고 닦아 온 웅변 실력이 큰 도움이 되었는지 다른 후보와 압도적인 표차로 당선되었다. 그리고 이를 계기로 정치를 향한 나의 청운의 꿈, 현실을 변화시키고 싶다는 열정이 본격적으로 자라기 시작했다.

나는 자연히 학교 공부보다는 교내외 활동에 더 많은 노력을 쏟게 되었다. 학생회뿐만 아니라 1주일에 한 번 이화여고 학생들과 영어회화 동아리 '코알라'에서 활동하고, 역사와 사회에 대한 관심으로 학교 바깥에 있는 흥사단 아카데미 활동에 적극 참여하기도 했다. 이 흥사단 아카데미 활동은 대학에서 학생운동을 하거나, 나중에 본격적으로 정치에 뛰어들 때에 경험이나 인맥 등에서 많은 도움이 되었다.

유신독재의 소용돌이 속, 실패한 첫 시위

내가 서울고등학교에 입학하던 1970년은, 개인적으로 생각하면 학교 공부 그 자체만 열심히 한다고 해서 앞으로 이 현실을 얼마나 변화시킬 수 있을까 하는 의문이 점점 커져가던 시대였다.

이 당시는 사회적, 정치적으로 박정희 정권에게 민감한 일들이 일어나고 있었고, 이를 틀어막기 위한 정권의 대응이 본격적으로 민주주의의 근간을 뒤흔들고 억압하기 시작할 것을 예고했기 때문이다.

1970년 전태일 열사의 분신, 1971년 광주대단지 사건(지금의 성남시 주민 수만 명이 정부의 무계획적인 도시정책과 졸속행정에 반발하며 도시를 점거한 사건), 같은 해 대통령 선거에서 박정희 후보가 김대중 후보와 박빙의 승부를 펼치는 일들이 일어났다.

이는 산업화 과정에서 소외되고 억압된 대중의 분노와 절망이 본격적으로 표출되고 있다는 증거가 아닌가. 결국 박정희는 이 같은 대중의 민주주의와 사회정의를 향한 열망을 가로막고, 1972년 기습적으로 '유신 쿠데타'를 일으켜 영구집권의 길로 들어서게 된다.

이런 사회 분위기에 대한 인식이 점차 커져가던 나는 고3 때에 교련 선생의 학생 구타 및 교장 비리 의혹에 대한 항의로 여러 학우들과 함께 학내 시위를 계획하고 주동하기로 했다. 나의 정의감이 빚은 일이었으나, 결과는 체육 선생님의 개입으로 미수에 그치고 말았다. 주동자인 나를 체육 선생님이 끌고 가는 바람에, 남은 친구들이 오합지졸이 되어버린 것이다.

하지만 이 사건 덕분에, 이후 오랜 시간 뜻을 함께할 수 있는 친구들을 주변에서 찾고 만들 수 있었다. 바로 다음 절에 얘기하겠지만, 이 친구들은 내가 고려대학교 사학과에 입학할 때에도 십시일반하여 내 입학금을 마련해준 잊지 못할 은인들이다.

가난한 집 똑똑이

비록 가난한 집에서 태어났지만...
공부도 잘해~
웅변도 잘해~

가난한 것이 죄는 아니다!
내 뜻을 펼치겠어!
그래! 그 시절엔 모두 가난했어!

명문 서울중학교를 나와
서울고등학교 졸업
고려대학교 입학!

배고픈 시절이지만 세상을 바꾸고 싶은 뚝심있는 청년이 나타났다.
낭만 보다는 투사!
전설의 갈색 가죽 점퍼!

십시일반 - 살아갈 길 일깨워준 기적

학교 공부보다 학내외 활동에 더 마음을 빼앗기면서, 내 학업 성적은 상위권을 유지하기 힘들어졌다. 학내 시위를 계획했던 일이 뜻대로 되지 않으면서, 울분을 삼키지 못한 나는 오히려 더 외부로 돌았던 것 같다.

내가 공부에 재능이 있기는 했지만, 전국 최고의 수재들만 모인다는 서울고등학교에서 최선을 다하지 않으면 성적 유지가 힘들 것은 분명한 일이었다. 그런데 마음마저 다른 곳에 가 있었으니 당시 내 성적으로는 원하는 대학, 원하는 학과에 마음대로 지원하기 힘들었다.

입학의 기쁨도 잠시, 막막했던 대학입학금

그래도 입시를 앞두고 착실히 준비를 한 결과 고려대학교 사학과에 합격할 수 있었다. 기쁨도 잠시, 정작 문제는 입학금을 마련할 길이 없었다. 우리 집은 여전히 가난과 씨름하고 있었기 때문이다.

요즘에는 가정형편이 어려운 학생들에게 국가장학금을 지급하거나, 융자를 받을 수 있는 여러 제도들이 있지만, 그 당시는 부모님이 도와주시지 않으면 대학입학금을 마련하는 것이 쉽지 않았다.

아버지는 경제적으로 일어서지 못하셨고, 외할머니와 어머니가 아무리 억척스레 이 일 저 일을 가리지 않고 하셨어도 가족이 밥을 굶지 않고 생계를 유지하는 것이 한계였다.

그렇다고 가정형편을 생각한답시고 대학 진학을 포기하는 것은 더더욱 있을 수 없는 일이었다. 나를 바라보고 많은 것을 희생해 온 가족들을 생각하면, 어떻게 해서든 진학을 하고 졸업을 해서 번듯한 일자리를 마련하는 것이 도리였다. 그래야 이번에는 내가 가족들을 도울 수 있을 테니 말이다. 특히 내 바로 아래 여동생은 중학교를 마치자마자 집안을 돕겠다고 자진해서 직업전선에 나서기까지 했는데, 그 마음을 생각하면 뭐라도 해야 했다.

친구들이 도와준 입학금, 함께 살아갈 길을 배우다

나의 장점은 답답한 일이 바로 눈앞에 놓여있을 때, 모두들 뭘 해야 할지 몰라 막막해 할 때 저돌적으로 그걸 돌파해 가는데 있는 것 같다.

우선 나는 재력이 있을 만한 서울고 선배들을 찾아갔다. 그리고는 대뜸 나에게 투자하시라고 호기롭게 부탁을 했다. 몇

몇 선배들은 도움을 주었다. 이분들께는 지금도 감사한 마음이다. 생전 처음 보는 고교 후배라는 녀석이 찾아와 하는 부탁이라는 게 쉽게 말해 돈을 달라는 것이었으니 무슨 생각이 들었을까.

그래도 여전히 필요한 입학금이 채워지지는 못했다. 이 때 내 사정을 지켜보고 있던 동기들이 나서서 함께 각자 모을 수 있는 데까지 돈을 모으기 시작했다. 그러더니 입학금 납부 마감일 마감 시간에 드라마 같은 일이 벌어졌다. 20여 명이나 되는 친구들이 은행 창구 앞에 진을 치고 내 입학금을 내주려고 기다리고 있던 것이다. 은행 직원도 처음 겪는 광경이라며 신

기해 하던 그날의 광경을 나는 결코 잊지 못한다.

십시일반!

함께 모였을 때 하나가 되고, 하고자 하는 마음들이 모였을 때 결국 이루어낼 수 있다는 인생의 큰 교훈을 그날 나는 깨달았다. 나 스스로 잘나서 세상을 살아갈 수 있는 것이 아니고, 여럿이 함께 손을 모으고 어깨를 같이 겯고 나갈 때 인생이 함께 살아지는 것이라는 깨달음의 경험은 이후 나의 인생 방향에 큰 영향을 미쳤다.

초심 잃지 않도록 늘 격려해주는 친구들

이 친구들은 내가 본격적인 정치의 길에 들어서서 여러 고비를 넘을 때에 늘 격려해주며 도움을 주었다. 그러면서도 내가 초심을 잃지 않고 올바른 길을 가도록 필요할 때마다 나를 채찍질해준, 진정 고마운 이들이다.

그때 뜻을 모아준 고교동창들의 이름을 기억나는 대로 이 지면을 빌려 감사의 마음을 전해본다.

곽원호(전 수단 대사), 권문상(전 한국해양수산과학기술진흥원장), 김성겸(재미), 김영호(전 행정안전부 차관), 신각수(전 외교부 차관), 심재두(변호사), 이대성(전 한국조경협회장), 정영목(전 서울미대 교수), 장익진(전 부산대 교수), 한효(전 산업은행 투자금융부장), 조한목(전 KB신용정보 부사장) 등

십시일반

그래도 여전히 필요한 입학금이
채워지지는 않았고...
입학금 납부 마감이 다가오자
드라마같은 일이 벌어졌다!

10년 만에 쥔 졸업장
- 반독재로 점철된 학창시절

나는 고려대학교 사학과 74학번이다.

박정희가 영구집권을 위해 벌인 유신 쿠데타(유신헌법 공포) 후 처음 〈긴급조치〉(1호)가 선포된 것이 1974년 1월이었다. 그러니 나의 대학 생활은 긴급조치와 함께 시작된 셈이었다.

고려대 사학과 재학시절 사적지 답사. 뒷줄 가운데가 나(1975)

아마 내 대학 생활은 시작부터 끝까지 독재에 대한 투쟁으로 점철될 운명이었던 것 같다. 제적과 무기정학, 두 번의 복학을 거쳐 84년에야 졸업장을 손에 쥘 수 있었으니 말이다.

낭만적인 대학 생활에 대한 기대가 나라고 없었을까. 그러나 시대는 '낭만'보다는 '투사'를 필요로 하고 있었다.

'낭만'보다 '투사'가 필요했던 시대

친구들이 십시일반 모아준 입학금 덕분에 대학교에 들어갈 수 있었던 나로서는 그 친구들에게 보답할 수 있는 가장 가치 있는 일이 중요했다.

공부를 열심히 하는 것이 그 길일 수도 있다. 어른들이 흔히 말하는 "더 책임 있는 자리, 권한이 많은 자리로 가면 자신이 생각하는 뜻을 더 잘 펼 수 있다"는 얘기가 아주 틀린 말도 아니지 않은가.

고려대학교 유신철폐 촉구 시위. 앞줄 맨 왼쪽이 나(1975.3.31)

〈긴급조치 1호〉(1974년 1월 8일 17시부터 시행)

1. 대한민국 헌법을 부정, 반대, 왜곡 또는 비방하는 일체의 행위를 금한다.
2. 대한민국 헌법의 개정 또는 폐지를 주장, 발의, 제안, 또는 청원하는 일체의 행위를 금한다.
3. 유언비어를 날조, 유포하는 일체의 행위를 금한다.
4. 전 1,2,3호에서 금한 행위를 권유, 선동, 선전하거나, 방송, 보도, 출판 기타 방법으로 이를 타인에게 알리는 일체의 언동을 금한다.
5. 이 조치에 위반한 자와 이 조치를 비방한 자는 법관의 영장 없이 체포, 구속, 압수, 수색하며 15년 이하의 징역에 처한다. 이 경우에는 15년 이하의 자격정지를 병과할 수 있다.
6. 이 조치에 위반한 자와 이 조치를 비방한 자는 비상군법회의에서 심판, 처단한다.

하지만 유신독재의 서슬 퍼런 칼날이 옥죄던 시기에 강의실이나 도서관을 지키기보다, 사회의 부조리를 척결하고 국민 대다수를 위한 민주주의를 위해 싸우는 것이 나의 길이라 생각했다.

입학 전 해(1973년)에 있었던 김대중 납치 사건, 입학 후 바로 일어났던 전국민주청년학생총연맹(민청학련), 동아일보 광고 탄압 사건 등 민주주의를 위협하는 시국 사건들이 끊이지 않고 벌어지던 시기였기 때문이었다.

2학년이 되던 75년 3월 31일, 선배 및 동기들과 함께 유신 철폐 시위를 교내에서 주동했다. 나를 포함 시위를 주도한 그룹은 4월 초에 대부분 검거되어 유치장으로 들어갔지만, 우리가 불씨가 되었는지 교내 시위는 계속 이어지고 있었다.

총칼로 틀어막은 캠퍼스

결국 상상할 수 없던 사태가 터졌다. 박정희 정권이 4월 8일 고려대에 〈긴급조치 7호〉를 선포해버린 것이다.

"1975년 4월 8일 17시를 기하여 고려대학교에 대하여 휴교를 명한다. 동교 내에서 일체의 집회, 시위를 금한다."

東亞日報

人革黨관련 8명 死刑執行

어제오전 서울拘置所서 교수刑으로

12명을 다시收

2·15조치로 釋放됐던 民靑學聯관련등

大統領緊急措置 7호 發動

高麗大에 休校令, 軍進駐

校內集會·示威 일체禁止

8日오후5時

違反者 10~3年懲役刑

令狀 없이 체포·拘禁도

"他校도注視 對處할터"

敎務·學事행정도 中止

"北傀誤判 막게 團結을"

朴大統領 海士졸업식 致辭

긴급조치 7호 선포(1975.4.8). 출처: 동아일보

이는 국민들의 입과 귀를 철저히 틀어막고 본격적인 독재국가를 만들겠다고 대놓고 선언한 사상 초유의 조치였다.

긴급조치 7호 선포로 학교 문은 굳게 닫히고 군인들이 총을 들고 학교 정문을 봉쇄해버리는, 민주공화국이라면 도대체 일어날 수 없는 말도 안 되는 상황이 벌어졌다.

후속 조치로 대학에서는 시위를 주동한 학생 41명에게 제적, 7명에게 무기정학 처분을 내렸다. 나는 제적된 학생에 포함이 됐고, 10.26으로 유신이 종식되는 5년 후에야 복학이 되어 학교로 돌아갈 수 있었다.

그러나 '봄'이 온 것은 아니었다. 많은 피를 흘리며 쿠데타로 집권한 전두환 신군부는 80년 5월 17일 비상계엄을 전국으로 확대했고, 나는 이번에는 무기정학을 받아 학교를 다시 떠나야 했다. 우여곡절 끝에 82년도에 다시 복학, 84년에야 졸업을 할 수 있었다.

국민과 함께하지 않은 권력, 결국 국민 뜻에 무너져

'긴급조치'라는 말은 요즘 젊은 세대에게는 별다른 느낌 없이 들리는 일반적인 단어일 것이다. 아마 불쑥 이 단어를 언급하면, 사고나 재해예방 같은 분야에 관한 얘기를 하려나보다 하고 오해하기 십상이지 않을까.

하지만 박정희 유신독재가 서슬 퍼렇던 당시 '긴급조치'는

"(유신)헌법을 부정, 반대, 왜곡 또는 비방하는 일체의 행위를 금하며, 이 조치를 비방한 자는 법관의 영장 없이 체포, 구속, 압수, 수색하며 15년 이하의 징역에 처하며, (민간도 아닌) 비상군법회의에서 심판, 처단"

할 수 있는, '법 위의 법'을 가리키는 말이었다. 요즘 상식으로는 절대 받아들일 수 없을 뿐 아니라 아예 상상하기조차 어려울 것이다.

민주주의의 가장 중요한 원리중 하나는 '견제와 균형'이 아닐까 싶다. 국민이 선출하지 않은 세력이 권력과 지위를 얻게 되면, 이를 견제할 방법이 없어지게 된다.

삼권분립으로 상징되는 민주주의의 건강한 균형이 무너지

긴급조치 7호 선포와 함께 고려대에 진주한 군병력(1975.4.8.).
출처: 민주화운동기념사업회, 경향신문

고, 한쪽으로 쏠리는 권력의 절대화를 추구하게 될 것이다.

"절대 권력은 절대적으로 부패한다"는 어느 영국 역사가의 말처럼 한국 현대사에 잘 들어맞는 말은 없는 듯하다. 과거 군부독재가 그랬고, 지금의 검찰권력 또한 그 독재의 길로 들어서는 듯하다.

유일한 해결 수단은 '국민의 소리'일 것이다. 국민이 뜻을 모아 스스로 일어서는 길 외에 어떤 방법이 있을까. 그리고 우리 현대사는 그런 국민의 소리가 도도한 물결이 되어 어떤 독재든 무너뜨려 왔던 것을 잘 보여주고 있다.

국민 대다수의 목소리를 듣는 것. 어떤 정치인이든 그 앞에서 겸허하게 귀를 기울이는 것이 가장 중요한 일일 것이다.

반독재 투사

박정희의 <긴급조치 1호> 선포와 함께
나의 대학생활은 시작되었고...
긴급조치 1호!!

독재에 대한 투쟁으로 제적과 무기정학,
두 번의 복학을 거쳐 84년에야 간신히
졸업장을 손에 쥘 수 있었다.
졸업하기 참 힘드네!
졸업장

어두운 시기에도 중심을 잡을 수 있었던 이유는
입학금을 모아 준 친구들과 민주주의에 대한
열망 때문이였다.
단호!
국민과 함께하지 않은 권력은 반드시 무너진다!

뭐? 미래 2023년에도 지금과 비슷한 일들이 펼쳐진다고?!
헉!
윤
스물 ~ 스물

기자의 사명, '진실 보도'로 민주화에 기여하다

나는 일단 생각이 서면 바로 실행으로 옮기는 행동파이다. '이렇게 하는 것이 옳고 정의롭다'는 방향이 정해지면 좌고우면하지 않는다. "직선적이다", "눈치 안 본다", "할 말은 한다"는 말은 다 나와 관계가 있는 듯 보인다.

이 같은 나의 성격은 지금 와서 보면 정치인으로 성장하는 데 분명 큰 장점이 되었다. 하지만 가난한 집안을 일으킬 미래로 기대를 받던 장남으로서는 어땠을까.

명문대에 들어간 지 일 년 만에 제적을 당했을 때, 부모님과 가족들이 받았던 충격은 말로 표현할 수 없을 정도였다. 힘들게 가계를 꾸려나가야 했던 가족들을 생각하면 항상 고맙고 미안한 마음의 짐을 안게 되곤 한다.

입학 일 년 만에 제적 – 가족들에겐 미안함과 고마움

긴급조치로 학교에서 제적을 당했을 때, 한동안은 울분과 막막함으로 선후배들과 술잔을 기울이며 이곳저곳을 배회했다.

그러나 마냥 그럴 수는 없었다. 아버지는 사업에 실패한 충격을 아직 벗어나지 못하셨고, 어머니는 화장품 외판원을 시작하셨다. 무엇보다 나를 대학에 보내느라 자신의 진학을 포기했던 어린 여동생들의 처지가 가슴 아팠다.

나 스스로 앞으로 살아갈 방도를 마련해야 하기도 했지만, 당장 가족들의 생계에 보탬이 될 일거리를 찾아야 했다. 대학 졸업장이 없었으니 번듯한 직장 취직은 쉽지 않았다. 출판사, 여행사 등 할 수 있는 일거리라면 뭐든 찾아서 돈을 벌었다.

10.26으로 유신독재가 끝장나면서, 긴급조치로 제적되었던 나는 5년 만에 복학이 되어 다시 학교를 다닐 수 있었다. 그러나 짧았던 '서울의 봄'이었다. 12.12쿠데타로 집권한 신군부

고려대 졸업식날 후배들과 함께. 왼쪽에서 4번째가 나(1984.2)

(얼마전 개봉한 '서울의 봄'이라는 영화가 이 과정을 잘 그려 놓았다)는 5.18 직전인 5월 17일 전국으로 비상계엄을 확대하면서 나를 수배 대상으로 올려, 이번에는 무기정학을 받게 되었다. 그나마 정학이었고, 그전보다는 빨리 복학이 되어 84년에 드디어 대학을 졸업할 수 있게 되었다.

조선일보, 그 밥을 먹던 시절도 있었다

입학한지 10년 만에 졸업을 하고 나니 이제는 의미 있는 일자리를 찾는 것이 숙제였다. 단순한 밥벌이가 아니라, 어떤 직업을 갖고 어디서 일터를 마련하여야 사회의 발전과 변혁에 내가 기여할 수 있겠는가를 진지하게 고민했다.

마침 눈에 들어온 것이 조선일보 신입기자 모집공고였다. 요즘의 조선일보나 TV조선 같은 매체의 편집방향이나 보도 행태에 익숙한 독자들은 의아하게 느낄 수도 있을 것이다. 하지만 당시는 신군부가 서슬 퍼렇게 눈 부릅뜨고 모든 언론 매체들을 '통제'하던 시절이었고, 그런 언론 탄압에 펜을 들고 정론과 특종으로 맞서려는 노력을 하는 언론인들이 아직 많았던 시절이었다. 무려 260:1의 경쟁률을 뚫고 조선일보에 합격해서 수습기자 생활을 시작했다.

그런데 5개월이 됐을 때, 인사부장이 불러서 사표를 내라고 말했다. 정밀 신원조회 결과 '특이신원'으로 나왔다는 것이 이유였다. 아마 시위 및 제적 등으로 인한 이력 때문이었을 것이다.

당연히 나는 거부를 했고, 입사 동기들이 몰려가 항의를 하는 소동도 벌어졌다. 안되겠는지 회사에서는 편집국(일간지)이 아닌 출판국(잡지) 자리를 제안했고, 우여곡절 끝에 〈월간조선〉으로 발령 나서 1988년 한겨레신문 창간 멤버로 옮길 때까지 4년간 그곳에서 일을 했다.

그래도 기자 정신 – 성고문 경찰 취재, 그리고 6월 항쟁

〈월간조선〉에서 기억에 남는 일이 두 가지 있다. 하나는 '부천서 성고문 사건'으로 악명 높은 문귀동 전 경장의 근황을 취재해, '구두공장 사장 된 문귀동'이라는 제목의 기사를 게재한 일이다.

문귀동 전 경장. 출처: 나무 위키

'부천서 성고문 사건'은 노동현장에 취업한 여대생 권인숙 씨를 체포해 조사하는 과정에서 문귀동 전 경장이 성고문을 가한 사건이다. 어이없게도 공권력에 의한 성 침탈행위에 대해 무혐의 처분이 내려짐으로써 전두환 정권의 부도덕성과 인권탄압의 실상이 여지없이 폭로됐다.

공권력을 쥔 이가 파렴치한 죄를 저질렀는데도 제대로 죄값을 치르지 않았다. 그리고 곧바로 경찰을 그만 두고 구두공장의 사장이 되었다. 어느 누가 이를 바로 된 일이라고 받아들일 수 있을까.

수소문 끝에 부천에 있던 그의 구두공장을 찾아가 그와 만났다. 갑작스런 일문일답 속에서도 그는 추호도 반성의 기미를 보이지 않았다. 나는 그 내용을 그대로 지면으로 옮겼고, 시민들은 분노하지 않을 수 없었다. 결국 이듬해(1988년) 문귀동은 감옥으로 향했다.

다른 하나는 특별취재반으로서 6월 항쟁의 구석구석을 누비며 역사의 증인이 되었던 일이다. 증인이라기보다 오히려 깉은 시민으로서 도도한 역사의 흐름 한 자리를 차지했던 벅차고 뿌듯했던 기억이었다. 어느 누가 그 자리에서 기자랍시고 취재만 하고 있을 수 있었을까. 나도 그 순간은 길거리의 학생 시민들과 어깨를 같이 걸고 "호헌철폐! 독재타도!"를 외치는 대열에 함께 하였다. 나의 10여년 젊은 시절을 고통스럽게 했던 군부독재의 철옹성이 드디어 무너져 내리는 순간이었다.

당연하지! 한겨레신문 창간에 참여

6월 항쟁에도 불구하고 87년 대선이 노태우 당선이라는 결과로 이어질 무렵, 나는 기존 언론매체를 벗어난 새로운 길을 모색했다. 마침 박정희, 전두환 정권에 의해 해직된 기자들 중심으로 새로운 신문이 준비되고 있었다. 고민할 필요가 없었다. 곧바로 〈한겨레신문〉 창간 멤버로 합류하여 1988년 5월 15일 창간호부터 참여하였다.

〈한겨레신문〉이 창간된 바로 그해 12월, 나는 희대의 특종을 터뜨렸다. 민주 인사들에 대한 고문이 일상적이던 전두환 정권 당시(1985년) 남영동 대공분실로 끌려간 김근태 씨(민주화운동청년연합 의장)에 대해 무려 22일 동안 끔찍한 고문을 가했던 "얼굴 없는 고문 기술자"가 이근안 경감(당시 경기도경 공안분실장)임을 밝혀낸 기사였다.

군사독재 시절 민주 인사들은 대부분 갖은 고문을 일상적으로 당했지만, 김근태 씨의 경우는 그 중에서도 유독 심했던 것으로 알려져 있다. 그런 처참한 고문 속에서도 모든 과정을 기억하고 고문의 증거를 지켜내려는 김근태 씨와 부인 인재근 씨(현 국회의원)의 필사적인 노력 덕분에 민주 인사들에 대한 고문의 실태가 언론에 알려지고 있던 때였다.

나는 김근태 씨를 인터뷰하다가 악명 높았던 이름 모를 고문 기술자에 대한 정보를 입수하게 되었다. 마침 당시 치안본부(현 경찰청)를 취재 출입처로 드나들고 있었기에 여러 탐문 취재를 통해 그 정체가 이근안 경감이라는 사실을 파악할 수 있었다.

특종을 터뜨리다 – 고문 경찰 이근안의 정체

문제는 사진이었다. 이름이 이근안이고 경기도경 공안분실장을 맡고 있는 경감 직위의 인물이라는 것까지는 파악했으나, 기사에 같이 실어 화룡점정 역할을 할 인물 사진이 필요했다. 사진이 있어야 고문의 끔찍한 실체에 대한 전 국민의 분노 공감대가 훨씬 더 구체화되지 않겠는가.

나는 생각 끝에 후배 기자를 시켜 이근안의 주거지였던 동대문구 용두동사무소를 찾아가게 했다. 취재를 위해 주민등록부를 직원과 같이 확인하다가 직원이 잠시 자리를 비우는 순간, 후배는 그 사진을 떼어내서 신문사로 돌아왔다. 1988년 12월 21일자 한겨레신문 1면에 실릴 특종이 탄생하는 순간이었다.

1988년 수배 당시의 이근안 전 경감.
출처: 나무위키

이근안은 기사가 나간지 사흘만에 잠적했고, 이후 10년 10개월 동안 어디엔지 은신하다가 1999년 자수형식으로 모습을 나타냈다.

그가 잠적하고 난 뒤 언론들은 간헐적으로 '이근안 안잡나 못잡나'라는 제목의 기사를 써서 당국의 비호 속에 몸을 감추고 있을 거라는 의혹을 불러일으켰다.

그 기간 나는 출입처가 검찰로 바뀌었다. 어느 날 대검찰청 강력부에 들러 '이근안 전담 검거반'에 있던 홍준표 검사(현 대구시장)에게 "잡는 거냐 마는 거냐"라며 추궁조로 물었다. 홍 검사는 머뭇머뭇 대답을 흐렸다.

이근안은 이후 2000년 대법원에서 징역 7년 확정판결을 받고 여주교도소에서 복역한 뒤 2006년 11월 만기 출소했다.

피해자는 명백히 존재하는데, 가해자는 끝까지 숨기려는 일은 다시 있어서는 안 될 것이다. 민주화가 이루어져 가는 도정에 진실을 찾아내 보도하는 기자로서의 사명을 완수했다고 스스로도 뿌듯해하는 기억이다.

진실을 보도하라

대학 졸업 후 무려 260:1의 경쟁을 뚫고 조선일보에 입사했으나, 시위 등의 이력으로 우여곡절 끝에 <월간조선>으로 발령.

특별취재반으로 6월 항쟁의 구석구석을 보도! 거리의 학생, 시민들과 어깨를 같이 걸고 군부독재의 철옹성이 무너지는 순간을 함께하였다.

87년 대선이 노태우 당선이라는 결과로 이어질 무렵 나는 새로운 길을 모색했다. 고민할 필요없이 <한겨레신문> 창간 멤버로 합류하였다.

이어 남영동에서 김근태씨에게 22일 동안 끔찍한 고문을 가한 '얼굴없는 고문기술자' 이근안 경감을 밝혀내는 특종 기사를 터뜨렸다.

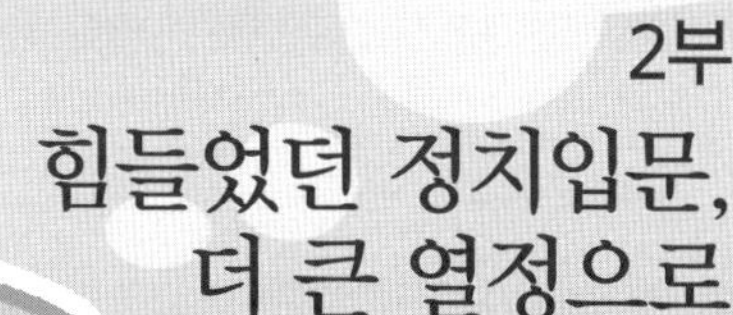

2부

힘들었던 정치입문, 더 큰 열정으로

힘겨웠던 관문 통과, '문세표'의 기억

1% 아닌 99% 위한 의회로

이재명의 남자

힘겨웠던 관문 통과, '문세표'의 기억

나를 가리키는 대표적인 별명은 '문세(3)표'다.

본격적인 정치입문의 관문을 돌파하기 위해 치렀던 국회의원 선거들, 정말 힘겨웠던 낙선의 기억을 떠올리게 해서 결코 달갑지만은 않은 별명이다.

2000년 16대 총선 경기 광주 선거구 표결에서 상대 후보와 딱 3표 차이가 나는 결과가 나와서 재검표와 대법원까지 가는 소송 끝에 낙선한 데서 비롯되었기 때문이다.

특히 16대 총선은 민주당 후보로 선거에 나서기까지 당 내부에서조차 많은 곡절을 겪었던 터라, 더욱 더 선거 결과에 대한 아쉬움이 컸다.

'문세표' – 중요한 건 꺾이지 않는 치열한 도전정신

1998년 김대중 대통령이 집권했지만, 국회 의석분포가 여소야대여서 집권당이던 민주당(새천년민주당)이 상대 당 현역 의원들을 영입하면서 한나라당 소속이었던 현역 의원에게 하남-광주 지역구를 맡기기로 한 것이다. 수년간 지역구를 잘 가꿔온 나는 졸지에 두 눈 뜨고 양보를 해야 하는 억울한 일을 당했다.

다행히 총선을 앞두고 하남과 광주의 선거구가 분리되는 덕분에 우여곡절 끝에 광주 선거구로 출마할 수 있었다. 하지만 당내에서 그런 일들을 겪으며 선거를 치러야 했던 탓이었을까. 결국 하남과 광주 두 선거구 모두 민주당 후보가 낙선하는 결과를 낳았다.

자칫 감정적으로 좌절과 분노 속에 침몰할 수도 있었던 시기였다. 한동안 억울한 심정을 '쐬주'로 달래기도 했고, 한국

을 잠시 떠나고 싶어서 미국에 있는 친우들을 여기저기 방문하기도 했다.

미국에 가 있을 때 에피소드 한 토막

한겨레신문 워싱턴특파원이던 윤국한 기자의 집에서 며칠 묵었다. 어느 날 윤 특파원이 나를 기사로 쓰겠다고 했다. "뭘 쓰나"하고 물으니, 그는 '미국 3표 현장에 온 문세표'를 쓰겠단다. 그해 미국 대선에서 민주당 앨 고어 후보와 공화당 조지 부시 후보가 초박빙 경합을 해서 재검표 소동이 벌어지고 있

사 람

● 미국 대선 남일 같지않은 '3표차 낙선' 문학진씨

재검표 모든 과정 투명공개 돋보여

미국 대통령 선거 뒤 일주일째 계속되고 있는 플로리다의 재검표가 남의 일 같지 않은 사람이 있다. 지난 4월 16대 총선에 경기도 광주에서 민주당 후보로 출마해 한나라당 후보에게 3표 차이로 석패한 뒤 대법원까지 가는 소송 끝에 지난달 낙선이 확정된 문학진(사진)씨가 그 사람이다.

워싱턴을 방문 중인 문씨는 15일 득표 수에서 일단 앞서가고 있는 조지 부시 공화당 후보가 모든 방법을 동원해 변화를 저지하려 하고, 뒤집기에 기대를 걸고 있는 앨 고어 민주당 후보 역시 갖은 수단을 써서 판세를 바꾸려 하는 모습이 '남의 일 같지 않다'고 말했다. 그는 자신의 경험으로 볼 때 "텔레비전 화면에 간간이 비치는 부시와 고어의 표정이 느긋해 보이지만 속은 말이 아닐 것"이라고 덧붙였다.

문씨는 재검표를 거치면서 처음의 개표 결과에 변화가 나타나는 것을 보고 "어떻게 미국에서도 이런 일이 있을 수 있느냐"며 놀라움을 나타냈다. 그는 또 언론이 재검표와 관련해 드러나는 쟁점들에 대해 수시로 여론조사를 실시해 공표하고, 두 후보 진영 역시 법률적·제도적 검토와 더불어 여론의 추이에 촉각을 곤두세우는 것을 보면서 여론을 중시하는 미국정치의 한 단면을 확인할 수 있었다고 말했다. 문씨는 모든 진행과정이 언론을 통해 투명하게 공개되고 이로써 큰 흐름이 잡혀가는 절차가 바로 미국식 민주주의의 특징으로 보인다고 소감을 밝혔다. 그는 이번 재검표 사태가 선거인단을 통한 대통령 선출 등 미국 선거제도의 문제점이 드러나는 계기가 될 것으로 본다고 나름대로 전망했다.

문씨는 특히 "이런 와중에도 클린턴 대통령은 베트남 방문에 나서는 등 평시와 다름없이 직무를 수행하고 있고, 상당수 미국민들은 미식축구와 프로농구에 열광하는 등 정치에 무관심한 다수가 공존하는 것을 보면서 미국은 역시 '제도가 이끌어가는 나라'라는 인상을 받았다"고 말했다. 워싱턴/윤국한 특파원 gookhan@hani.co.kr

〈한겨레신문〉 2000.11.16.

던 때였다.

그래서 나는 허허 웃으면서 "그거 재밌네" 했다. 그 기사는 한겨레에 고스란히 실렸다.

그래도 그 시기는 정치를 왜 하려고 하는가 하는 본질적인 질문에 대한 나 스스로의 답을 마련했던 의미 있는 시간이었다. 그 덕분에 의지를 꺾거나 변절하지 않을 수 있었고, 그 이후 선거들에서 역전에 성공했기에 지금의 나 문학진이 있다고 감히 말할 수 있다.

'문세표'란 별명은 그 당시 내가 보여줬던 치열한 도전정신과 꺾이지 않았던 뚝심을 상기시키는 별명이 됐다. 그래서 60대가 된 지금에도 정치를 시작했던 초심을 항상 잊지 않게 하곤 한다.

늘 잊지 않게 다짐하는, 정치 시작한 초심

왜 정치를 하고 싶었는지 얘기를 늘어놓자면, 한겨레신문 시절로 되돌아가야 하겠다.

한겨레신문 정치부 기자로 경력을 쌓아가던 나는 차장 대우가 되면서 데스크 역할을 맡게 되었다.

내 성격에는 일선 기자로 현장을 뛰면서 특종을 낚고 이슈를 가지고 직접 당사자들과 마주치며 사건의 진실을 캐내는 일이 딱 맞았다. 그런데 사무실에 앉아 후배들이 취재해 온 것을 살펴보는 입장이 되니 슬슬 재미가 없어졌다.

언론인 생활을 어느 정도 하고 나니, 앞으로 이 경험을 바탕으로 어떤 일을 해야 나 스스로 보람이 있고 사회에도 기여하는 길을 갈 수 있을까 하는 고민이 깊어졌다.

정치부 기자로 우리나라 정치의 현실을 속속들이 들여다볼 수 있었던 때문인지, 직접 정치를 해보고 싶은 마음이 불쑥 커졌다.

생각해보니 나는 어릴 적부터 한 발짝 떨어져 팔짱을 끼고 관찰하거나 조언을 하는 쪽보다는, 직접 뛰어들거나 주변을 설득해 같이 움직이는 일을 더 좋아했다.

언론인 출신으로 정치에 몸을 담은 선배들(특히 김원기, 임채

민주당 중앙당사에서 열린 광주시지구당 후원의 밤. 노무현 대통령 후보와 김근태 의원과 함께(2002.4.18).

정 의원 등)로부터 조언도 얻으면서 마음을 굳히게 되었다.

그렇게 나는 1995년 경기하남광주지구당 활동을 시작으로 정치인의 길을 걷기 시작했다.

'말한 만큼 행동으로 옮기는 사람', 신뢰를 얻다

나는 목소리가 크다. 타고난 것이라 어쩔 수 없는 부분이 있다. 그렇다고 억지로 말투나 성량을 고칠 수는 없는 노릇이지 않겠는가.

이런 나를 화통하다, 시원시원하다고 좋게 봐주는 경우도 있지만, 왠지 건방지다, 거만해 보인다, 거세 보인다는 인상을

민주당 중앙당사에서 열린 광주시지구당 후원의 밤 행사에서 연설하는 나(2002.4.18.).

주는 경우도 있다.

처음 지역에 정착할 때에도 지구당 활동이나 지역구민들과 어울리는 과정에서 이런 점 때문에 시간이 좀 필요했다.

그러나 내가 가진 진심을 계속해서 보여주고 진정으로 이야기를 듣고자 하는 노력을 계속해나가니 시간이 좀 지나면서 다들 내가 가진 장점을 이해해주고 받아들이기 시작했다.

'할 말은 하는 사람', '말한 만큼 행동으로 옮기는 사람'으로 인정하고 지역구민의 어려움을 대변해줄 수 있을 것이란 신뢰를 보내기 시작한 것이다.

나는 곧 누구보다도 지역구민의 입장에서 지역구 문제를 해결하는 데 앞장서는 해결사가 되었다.

철저하게 지역구민의 삶의 문제를 해결하는 정치

그렇게 해서 얻은 신뢰는, 국회의원에 당선된 후에 내가 가장 중요하게 생각하는 "철저하게 지역구민 입장에서 지역구의 문제를 보고 그들의 삶의 문제를 해결하는 정치"를 하는 기반이 되었다.

2006년부터 국회 건설교통위원회(지금은 국토교통위원회)와 행정안전위원회에서 하남신도시(미사지구, 위례지구) 등을 조성하는데 앞장서 큰 기여를 한 것과 지하철 5호선 유치(하남 연장)가 이루어지도록 한 것은 그 대표적인 성과다.

건설교통위 회의에서 질의할 때마다 '신도시' 타령을 했고,

짬날 때마다 그들을 접촉해 설득전을 폈다. 결국 집요함과 간절함은 결실을 맺게 마련이다. 그후 하남에 신도시가 들어섰고, 인구 증가로 지하철 5호선이 서울 강동구에서 연장돼 하남구간이 신설된 것이다.

또, 하남은 시로 승격된 지 20년이 되어 가는데 경찰서 하나 없는 곳이었다. 관련 부처에서는 경찰서 신설 기준에 못 미친다는 기계적인 입장만 되풀이 내놓고 있었지만, 파출소 정도로는 치안이나 시민 보호에 한계가 있으므로 제대로 된 치안 서비스 제공을 위한 경찰서 신설은 상식적으로 생각하면 누구나 동의할만한 일이었다.

어머니 칠순날(2006). 애석하게도 최근(2023.12.13) 작고하셨다.

2009년 국회 예산결산위원 시절 하남에 경찰서를 만들 수 있도록 거의 혼자 백방으로 노력해서 결국 하남경찰서가 신설되도록 한 것도 지역구민의 삶의 문제를 해결하고자 하는 신념이 빚어낸 성과였다.

민주주의의 원칙, 망치 들고라도 반드시 지켜내야

나는 한번 옳다고 생각하면 좌고우면하지 않는다. 불편한 상황이 오더라도 해야 할 말은 눈치 보지 않고 하는 성격도 함께 타고난 것 같다.

그 때문에 국회에서나 당내에서나 적당히 고분고분하지 않고, 민주주의적인 절차를 지키는 것을 중요하게 생각한다.

앞서 언급했듯이, '문세표' 별명이 붙여지게 된 2000년 총선 직전 상대 당 의원 영입과 그에 따른 지구당 조정 과정에서도 나는 정치는 정도를 걸어야 한다는 주장을 강력하게 펼친 바 있다.

또한, (문세표 사건 못지않게) 내 이름이 정치권에 널리 알려지게 됐던 '해머 사건' 역시 비민주적인 국회 운영에 대한 나의 분노에서 비롯되었다.

2008년 당시 여당(한나라당) 의원들은 야당인 민주당과 논의도 없이 FTA 비준동의안을 날치기로 상정하려 했다. 나는 이런 상황을 받아들일 수 없었다.

나중에 법원에서도 인정했지만, 근본적인 원인을 제공한 것은 억지 날치기 통과를 위해 한나라당 소속 외교통상통일위원장이 불법적으로 발동한 사전 질서유지권이었다.

이는 누가 봐도 국회의원의 법안심의 권한을 원천봉쇄하는 비민주적인 폭거가 아니겠는가. 반대하는 이들은 와서 말도 꺼내지 말라는, 군사독재 시절에나 생각할 수 있는 폭거였다.

외통위 야당 간사였던 나에게 정세균 당 대표와 원혜영 원내대표는 "무슨 수를 쓰든 저들의 폭거를 막아달라"고 부탁했다. 당은 총력저지 태세에 들어갔다. 다른 상임위소속 의원 전원과 의원보좌관, 당직자들에게 외통위 회의실 총집결령이 내려졌다.

한나라당 의원들은 전날 밤 외통위 회의실에 들어가 안에서 문을 걸어 잠갔고, 국회 경위들 수십 명을 문밖에 도열시켜 야당 의원들의 회의장 접근을 막았다.

외통위 회의실로 들어가는 문은 두 개다. 회의실 출입문과 위원장실 출입문이다. 의원들은 위원장실 출입문 앞에 서서 "문 열어라"라고 고함치며, 주먹으로 문을 치고 있었다. 보좌관, 당직자들은 회의실 출입문 쪽에 몰려들어 어디서 구해왔는지 해머와 전기톱으로 문을 열려고 했지만 문은 열리지 않았다.

그러다 어떤 당직자가 내게 다가와 "의원님, 이걸로 문을 치시죠"하며 해머를 건네주었다. 나는 망설임 없이 해머로 쇠문고리를 서너 차례 내려쳤다. 문은 끄떡없었다. TV카메라 수십 대가 이 장면을 찍었다.

언론에 보도된 사진이나 기사 논조만 보면 나는 영락없이 '깡패 정치인'처럼 보였을 것이다.

며칠 후 본회의가 열렸다. 나는 5분 자유발언을 통해 그날의 내 행동에 대해 이렇게 말했다.

"이유가 어찌 됐든 폭력적 행위가 있었던 데 대해서는 국민 여러분께 송구스럽게 생각한다. 하지만 이렇게 생각해볼 수 있지 않을까 한다. 여러분이 외출한 사이 여러분의 집안에 도둑이 들어 문 걸어 잠그고 분탕질을 치고 있다고 하자. 그러면 여러분은 집 밖에서 팔짱끼고 그냥 보고만 있을 것인가."

다음날 동아일보는 사설에서 "문학진 의원이 어제 본회의에서 궤변을 늘어놓았다"고 비판했다.

나는 경위야 어찌 됐든 폭력적 행위를 한 데 대해서는 지금도 자성하고 있다. 곱씹어볼 대목이다.

경험과 지혜까지 갖춘 결기, 식을 일은 없다

하지만, 민주주의의 근간이 흔들릴 때, 분연히 떨쳐 일어서는 것이 진정한 용기이고 '옳은 일'이 아닐까.

한심하다 못해 눈 뜨고 볼 수 없는 권력자의 작태가 벌어질 때, 점잖은 정치인 체면에 제대로 해야 할 말도 반쯤 다듬어 말하고, 두 주먹 불끈 쥐고 휘둘러 쓸어버려야 할 때 겨우 손가락질이나 하는 건 정말 "아니올시다."

많은 이들이 아직도 그 사건을 얘기할 때마다 "속 시원한 모습이었다. 오히려 고마웠다"고 기억하고 격려해주는 이유도, 어느 누구도 나서서 눈앞에 놓인 장벽을 먼저 부수려 하는 사람이 없었기 때문일 것이다. 다만 "문 의원, 그 뜻을 알지만 말로 하시라"는 충고는 가슴속 깊이 새기고 있다.

나는 여전히 그때의 결기를 간직하고 있다. 물론 세월이 흐르고 경험도 쌓인 만큼 다양하게 문제를 풀어나갈 지혜도 갖추고 있다. 다만, 문학진의 정치에 그러한 결기가 식을 일은 결코 생기지 않을 것이다.

신념과 철학이 있는 정치 – 내가 노무현에게 배운 것

내가 처음 국회의원이 된 것은 2004년. 정치입문 10년째에, 4수 끝에 당선된 것이다.

7전 2승 5패로 승률 28.6%이니, 늘 힘든 선거를 치러왔다고 할 수 있다.

하지만 나는 정치인에게 승률이 어떻게 되느냐, 몇선 의원을 하느냐 하는 것보다 더 중요한 것은 민주주의를 지켜내기 위한 자신의 신념과 철학이라고 생각한다.

특히 국회의원이라면 지역구를 잘 돌보는 것뿐만 아니라, 국가와 정치 전반에 대한 비전과 철학이 더욱 필요한 것은 당연하지 않겠는가.

그런 점에서 가장 먼저 떠올리게 되는 정치인은 노무현 전 대통령이다.

지역주의의 벽을 극복하겠다는 자신의 정치 신념을 펼치기 위해 '바보 노무현'이라는 말까지 들으면서도 계속 좁은 문을 두드렸던 노 전 대통령으로부터, 나는 정치인이 가져야 할 자세에 대해 직접 많은 것을 보고 배울 기회를 가진 바 있다.

노 전 대통령과는 선거에 세 번이나 낙선한 후 2003년 청와대 대통령비서실 산하 정무비서관을 6개월간 역임하면서 깊은 인연을 맺었다.

그 다음해 총선에 출마하기 위해 상대적으로 짧은 기간 밖에 같이 일하지 못했지만, 국회의원이 된 후 그때의 경험이 좋은 공부가 되어 대통령실과 여당 간의 소통, 대통령의 역할과 당의 역할, 쇄신이 필요한 지점 등에 대한 통찰을 높일 수 있었다.

어느덧 60대 정치인, 맡아야 할 내 몫 온 힘 다할 것

한 가지 덧붙이자면, 국회의원이 되어 원내에 입성하기까지 오랜 시간을 원외에서 지냈던 경험도 오히려 나를 정치인으로서 폭넓게 단련시키지 않았나 생각한다.

만일 번듯한 사회 경력에 든든한 배경을 갖추고 험지가 아닌 곳에서 출마하여 처음부터 원내 정치인으로 경력을 쌓아갔다면, 그늘에 가려져 있는 많은 이들을 돌아볼 수 없었을 것이다.

때로는 지역 활동가들과 진하게 술잔을 기울이며 속에 있

소탈하고 격의 없었던 노무현 전 대통령

는 얘기들을 털어놓거나, 스타 정치인들을 돕기 위해 보이지 않는 곳에서 최선을 다하는 보좌진이나 비서진을 비롯해 다양한 이들을 챙기려 노력할 생각을 하지 않았을 것이다.

내가 생각하는 올바른 정치와 원칙을 위해 좌고우면하지 않고 행동으로 실천하는 문학진의 모습 대신, 기득권을 놓지 않으려 슬슬 눈치 보는 정치인에 가까운 모습이 어느덧 되어가고 있었을지 모른다.

나는 앞으로도 계속 광주를 기반으로 지역 발전의 중추 역할을 할 작정이다. 또한 당의 60대 중진 정치인으로서, 지역구뿐만 아니라 정치 전반 및 당내에서 맡아야 할 내 몫을 감당하는데 온 힘을 아끼지 않겠다.

초선 의원 시절 국회 잔디밭에서 당원들과 함께(2004년경).

무엇보다 현실 정치를 통해 내가 가진 철학과 신념, 민주주의의 원칙을 굳건히 지켜나가겠다. 정치인 문학진의 꺾이지 않는 뚝심의 근본은 지역구민들의 삶의 문제를 풀어주는 것, 민주주의적 원칙과 절차를 지키는 것, 국가와 사회를 위한 비전과 신념을 타협하지 않는 것에 있다고 생각한다.

문세표의 기억

16대 총선 경기 광주 선거구 표결에서 3표 차이로 패배, 재검표와 대법원까지 가는 소송 끝에 낙선!

자칫 감정적으로 좌절할 수도 있는 시기였고, 한 동안 억울한 심정을 '쐬주'로 달래기도 했지만

그래도 정치를 왜 하려고 하는가 본질적인 질문에 대해 나 스스로의 답을 마련했던 의미있는 시간이었다.

정치!
도전정신!
의지!
뚝심!

60대 중진이 된 지금도 '문세표'라는 별명 덕분에 정치를 시작한 초심을 항상 잊지않게 되었다.

1% 아닌 99%를 위한 의회로

남들은 흔히 나를 정치인으로서 비주류라고 부른다. 소위 '계보' 같은 것과 그리 얽히지 않는 길을 걸어왔기 때문이다.

'줄'을 댈만한 배경이나 인간관계가 부족해서가 아니다. 내가 가지고 있는 원칙에 따라 의정 활동을 하고, 그 원칙에 따라 그때그때 내 입장을 정해서 행동해왔기에 그렇다.

나를 조금이라도 아는 사람들은 맞다고 고개를 끄덕일 것이다.

그러다 보니 소신 있다는 평가를 들을 때도 많지만, 할 말은 하고 지내는 편이다 보니 불편하다고 느끼는 경우도 종종 있다. 불편한 얘기를 잘 꺼내는 사람, 고분고분하지 않은 사람, 욱하고 잘 튀는 사람이라는 인상도 받을 것이다.

99%의 편에 선 당당한 '비주류' 정치인

하지만 정치인 문학진은 늘 당당하게 말하고 행동해왔다고 언제든 자신있게 말할 수 있다. 나의 정치적 원칙이자 소신은 국민의 목소리를 듣고 그 입장에 서서 정치를 하는 것이기 때문이다.

자연인으로서 문학진 개인이 당당하다기보다, 늘 우리 사회 대다수의 편에 서서 그 목소리를 대변하고자 해왔기 때문에 당당한 것이다.

대한민국 1% 최고 기득권층들을 대변하는 정치인들 사이에서는 비주류일지 몰라도, '99%의 국민들'을 위한 정치를 해왔다는 점에서 나는 '주류'를 대변하는 정치인이라고 감히 자부한다.

99%라는 말은 2011년 '월가를 점령하라'(Occupy Wall Street)는 이름으로 미국에서 수개월간 벌어졌던 대규모 군중 시위에서 비롯됐다.

당시 미국은 2008년 금융위기 이후에도, 금융위기에 직접 책임이 있는 월스트리트 금융가에서 전혀 책임을 지지 않고 다시 자기들의 배를 불리고 있었다. 이들을 대변하는 정치권 역시도 공화당과 민주당이 서로 헤게모니 싸움만 하는 상황이 계속되고 있었다.

이에 울분을 토하며 자연발생적으로 모여든 시위대는 불과 1%의 금융가 큰손들이 나라 전체 부의 50%를 차지하는 현실을 비판하며, "우리가 99%"(We are the 99%)라는 구호를 외치기 시작했던 것이다.

경영 잘못해도 권리 보장받는 재벌, 도덕적 해이 막아야

2004년도에 나를 비롯한 열린우리당 의원들은 공정거래법을 개정하자는 안건을 상정했다. 그 골자는 '출자총액제한제도'를 계속해서 유지하자는 것이었다.

바로 이 '출자총액제한제도'야말로 1%도 안 되는 소수의 재벌들의 탐욕스러운 몸 불리기를 제한하고 '99%의 국민들'에게 골고루 이익이 돌아갈, 보다 건강한 경제 환경을 마련할 수 있는 우리나라 버전의 '월가를 점령하라'를 제도적으로 보장할 최소한의 장치였다.

아니나 다를까. 역시나 한나라당의 완강한 반대에 부딪혔다. 물론 제도나 규제는, 현실적인 고려를 거쳐 반영되는 결과물이다. 그런 점에서 디테일한 부분이나 시행 단계에서 충분한 숙의를 거칠 필요가 있음은 분명하다. 자칫 의도는 좋으나 졸속으로 마련된 규제가 원래의 의도를 해치는 경우가 종종 있기 때문이다.

그러나 한나라당의 정책 기조는 재벌의 이익이 경제를 살리고 있으니 출자총액제한제도는 기업 투자를 가로막아 경제 살리기에 발목을 잡는 것이라는 입장이 분명했다.

반면 나를 비롯한 열린우리당의 정책적 진단은, 오랜 기간 규제 없이 몸불리기를 계속해온 극소수 재벌들에 경제가 너무나 편중, 집중되어 있는 상태이고, 다단계 순환출자를 통해 경영권 보장을 위한 지배구조를 너무나 공고히 해서, 경영을 잘못해도 경영권을 지킬 수 있는 도덕적 해이 상태에까지 이르렀다는 것이었다.

이제는 1%에 집중된 권력에 최소한의 규제라도 유지되지 않으면 재벌 중심의 성장이 오히려 국가 경제에 독이 되는 상황에 이르렀다는 판단이었다.

출자총액제한제도 폐지로 무분별한 재벌 3-4세 경영 불러와

당시 한나라당과 열린우리당의 이러한 입장 차이를 불러온 것은 바로 "누구를 대변하느냐"의 차이였다고 본다. '대다수 국민'인 '주류'를 대변하는 정치인으로서 내가 어디에 서서 어떻게 행동할 것인가는 너무나 명약관화하지 않겠는가.

결국 나를 비롯한 열린우리당 의원들은 합심해서 출자총액제한제도를 계속 유지하는 공정거래법 개정안을 통과시키는 성과를 거두었다.

너무나 아쉽게도 출자총액제한제도는 이명박 정부 들어서서 2009년 폐지되었다. 예상대로 그 이후 재벌들은 골프, 와인, 식음료, 주점 등 주력업종이 아닌데도 거리낌없이 계열사를 대폭 확장시키게 되었고, 그 대부분을 3세, 4세들에게 물려주면서 재벌그룹에 대한 소유권과 경영권을 더욱 공고히 하는데 활용하고 있는 것이 현실이다.

뜨거운 감자 부동산 문제, 통계 숫자 훨씬 더 필요

우리나라에서 부동산 주택 문제는 어느 정부든 뜨거운 감자다. 이 문제는 주택의 수요 공급만으로 간단하게 예측되는 단순한 시장 문제가 아니라, 서민들의 주거 안정이라는 매우 크고도 중요한 이슈와 연결되기 때문이다. 마치 교육 문제처럼, 우리나라의 거의 모든 경제 사회 정치적인 요인들이 얽혀 있는 바람에 실마리를 풀어내기가 좀처럼 쉽지 않은 것이 부동산 주택 문제일 것이다.

어느 한 가지 대책만으로 이들 문제를 풀어낼 수 있다고 자신할 수 있을까. 그런 단순한 접근으로는 어떤 파장과 결과를 몰고올 지 예측할 수 없는 영역이기도 하다.

그러나 여기서도 접근하는 원칙은 같다고 생각한다.

그것은 특혜를 보고 과도한 이익을 취하는 1%의 기득권 특혜층 대신, '99%의 서민들'을 위한 정책을 세우고 이를 실행해 나가는 것이다. 방향이 올바르다면, 혹 시행착오는 있을지언정 그에 맞게 바로잡고 개정해 나가는 꾸준한 노력을 기울일 때 비로소 99%를 위한 정책과 조치들이 자리를 잡아나갈 것이다.

이를 위해 가장 중요한 것은 무엇일까.

그것은 정확한 숫자와 통계이다. 의외로 부동산이나 주택정책을 세울 때 근거와 필요가 되는 숫자와 통계는 부정확하거나 부족하거나 없는 경우가 많다는 것이 관련 전문가들의 의견이다.

왜 그럴까. 아마 개발사업이나 투기를 통해 '제대로 한 건 터졌을 때' 얻어지는 이득이 커서 그럴 것이다. 곧바로 세금 문제로 연결이 되다보니 온갖 기상천외한 탈세와 탈루 기법들이 등장해왔다. 그렇기에 도대체 투입되는 원가는 얼마나 되고 벌어들이는 수익은 어떻게 되는지에 대해서는, 극소수 내부자만 알고 다른 이들에게는 꼭꼭 숨겨야 하는 일이기도 했다.

투명한 정보 공개가 서민을 살린다 – 아파트 분양원가 공개

그 대표적인 정보 중 하나가 '아파트 분양원가'이다.

노무현 대통령은 2006년도에 아파트 분양원가에 대해 공개하는 방향으로 원칙을 잡아 나가겠다는 뜻을 분명히 발표했다.

당시 나는 국회 건설교통위원이었다. 우연히 지역구 내에서 한 민간아파트 시행사와 시공사 간에 맺은 도급계약서를 입수할 수 있었다. 그 전까지는 막연히 분양가에 거품이 많을 것이라고 추정만 하고 있었는데, 이 도급계약서가 공개됨으로써 구체적인 내부 정보를 파헤칠 수 있게 되었다.

내용을 꼼꼼히 검토해보니 도급계약 자체의 문제라기보다, '특약조건'이라는 명목 하에 시행사와 시공사 간에 흥정이 이루어진 이익배분 방식이 문제로 나타났다.

쉽게 말해, 평당 분양가가 일정액 이상일 경우와 이하일 경우로 나누어 각각의 수익 보장을 위한 이익배분 비율들이 적혀 있던 것이다. 그렇게 실제 분양된 개발이익을 계산해보니 전체 분양가의 무려 40%를 시행사와 시공사가 이익금으로 챙겨간 것으로 드러났다.

나는 당시 국정감사를 통해 건교부 장관과 LH공사 등에 아파트 분양가 폭리에 대해 대책을 요구하면서 공영개발 사업에 대해서만이라도 정보를 투명하게 공개할 필요를 역설했다.

민간사업에 대해서 "이익금은 몇% 이하로 해야 한다"고 강제할 수는 없다. 그러나 이렇게 폭리를 취하는 것을 그냥 내버려 둘 수도 없지 않겠는가. 적어도 세부적인 항목까지 원가를 투명하게 공개하고 이를 검증할 수 있는 시스템을 만들 수 있다면, 개발이익을 대놓고 거리낌 없이 편취하는 것에 제동을 걸 수 있지 않을까.

그런 노력 덕분인지 토지조성이나 공영개발 등에 대한 LH 공사나 지자체 산하 공사들의 정보 공개는 예전보다 증가하고 있다. 민간사업에서도 1%를 위한 고급 주택만 짓지는 않는 만큼, 서민들의 주택 마련이나 주거 안정을 위해 더욱 투명한 정보 공개는 어느 때보다 그 필요가 더욱 커지고 있다.

누구든 99% 대다수 서민의 편에 서고자 한다면, 그들이 수긍할 수 있고 그들에게 진정 도움이 되는 시스템을 만들어나

갈 각오를 해야 할 것이다. 그것에 얼마의 시간이 걸리든, 얼마의 노력이 들든 간에.

99%를 위한 정치인

2004년 드디어 국회의원에 당선!

국회의원에 당선된 후 가장 중요하게 생각하는 것은 '철저하게 지역 구민 입장에서 지역구의 문제를 살펴보고, 그들의 삶의 문제를 해결하는 정치'이다.

2011년 미국에서 벌어졌던 '월가를 점령하라' 대규모 시위에서 '우리가 99%'라는 구호를 외쳤던 것 처럼...

대한민국 1% 기득권 보다는 99%의 국민들을 위한 정치를 하는 정치인이라고 자부한다!

이재명의 남자

대선 투표일인 2022년 3월 9일 밤, 나는 모처에서 선거대책위 관계자들과 대선 개표방송을 보고 있었다.

민주당의 대선 승리에 보탬이 되기 위해, 전해 10월에 경기평택항만공사 사장 자리를 그만두고 이재명 후보 선거대책위원회에 합류한 지 5개월여 만이었다. 후보 직속 정무특보단장을 맡아 전국을 누비며, 나로서는 모든 역량을 쏟아부으면서 최선을 다한 선거였다.

대선에 다시 등장한 '문세표'

선거 막판 이재명 후보는 유세장 곳곳에서 "시민, 당원 여러분, 문학진 의원이라고 아십니까? 국회의원 선거에서 3표 차이로 떨어져 문세표라는 별명이 붙기도 했습니다. 지금 당장 우리에게 필요한 것은 '지금 딱 3표가 부족하다'는 바로 그 절박한 심정으로 최선을 다하는 것입니다"라고 호소하며, 내 쓰라린 기억을 상기시키면서까지 지지를 호소하기도 했다.

모두가 최선을 다한 선거였기에 당일 자정까지도 우리는 승리를 확신했다. 하지만, 결과는 0.8% 차로 석패. 민주화 이후 대통령선거 사상 최소 격차로 진 선거가 되었다.

이재명과의 첫 만남, 곧바로 정치적 동지로

말했다시피 나는 특정 계파에 얽매이지 않는 정치인이다. 나 스스로 그런 편가르기를 좋아하지 않는다.

그렇지만 이재명 당 대표와 15년 넘게 맺어진 인연 때문에 '이재명계의 좌장', '이재명의 멘토' 등으로 부르면서 '이재명계'로 굳이 묶으려는 사람들도 있다.

이재명 대표와의 인연은 2008년으로 거슬러 올라간다. 당시 나는 하남시에서 연이어 당선되어 재선 국회의원으로 활동 중이었다.

그런데 인접한 성남시에 우리 당 후보로 시장, 국회의원에 출마했다 떨어진 똑똑한 변호사가 있다며, 한번 만나보라는 권유를 지인으로부터 받았다.

그렇게 이재명 대표와의 인연은 시작되었다. 처음 만남에서부터 우리는 많은 얘기를 나눴고, 서로가 가진 정치 지향점이 같음을 알 수 있었다. 그때부터 우리는 편하게 만나는 술친구이자 정치적 동지가 되었다.

참고로 내가 만날 당시 이재명 대표는 2006년에 성남시장 후보로, 2008년엔 성남시 분당갑 지역에 국회의원 후보로 도전했다 떨어진 경험을 가지고 있었다.

이재명의 시간, 성남에서 전국구로

첫 만남 후 시간이 흘러 2010년 제5회 전국동시지방선거가 다가왔다. 이재명 대표는 다시 성남시장에 도전하겠다는 의지를 알렸다. 당시 나는 당의 조직강화특별위원회 위원을 맡고 있었기에, 성남시에는 그와 같은 인물이 정말로 필요하다는 내 소신을 설명했고, 결국 그는 민주당의 성남시장 후보가 될 수 있었다.

그리고 치러진 선거에서 그는 51.16%의 득표율로 마침내 성남시장이 되었다. 4년 후 치러진 제6회 전국동시지방선거에서도 55.05%를 득표함으로써 재선 시장이 되었다.

그는 8년간 성남시장으로 재임하면서 많은 업적을 남겼다. 내 솔직한 평가이다. 모든 초중고 학생들을 대상으로 친환경 무상급식 실시, 무상교복 도입, 전임 시장이 남겨놓은 성남시 부채 7,285억 원 청산, 성남시립의료원 건립, 어린이집 전면무상교육 실시, 무상 산후조리원 등, 그는 정말 놀라운 행정력으로 성남시를 살기 좋은 도시로 변모시켜 놓았다.

시장 일 외에도 이재명은 주요 정치 상황에 대해서 속 시원한 발언을 많이 해서 '사이다'라는 별칭을 얻기도 했다. 그렇게 그는 전국적인 인물로 성큼 성장하기 시작했다.

'이재명의 멘토' 문학진으로 불리다

2017년 일명 '최순실 게이트'로 인해 박근혜 대통령이 헌정 사상 처음으로 탄핵을 당해, 대통령 직위에서 파면되었고, 곧바로 대통령선거가 시작되었다. 우리 당에서는 4명의 주자가 경선에 참여하게 되었는데, 그 중 한 사람이 이재명 당시 성남 시장이었다.

이 시장은 경선 참여를 결심한 후 내게 소주 한잔하자며 연락을 해왔다. 그때 나는 국회의원 3선 연임에 실패하고, 여러

방송에 패널로 출연하며 정치분석과 해설을 하고 있었다. 당시 나는 방송에 소개될 때 '이재명 성남시장의 멘토'로 불리기 시작할 때였다.

그는 자리에 앉자마자 내게 말했다.

"형님, 제가 이번 대통령 후보 경선에 참여하려고 합니다. 형님께서 도와주신다면 반은 성공한 거 아니겠습니까?"

나는 잠시 고민했지만, 흔쾌히 대답했다.

"그래 한번 해봅시다!"

나는 친분이 있는 국회의원 몇몇을 바로 만나서 경선캠프를 구성했다. 이른바 원조 친명으로 불리는 이종걸, 정성호, 유승희, 김기준, 제윤경, 김영진, 김병욱 의원 등이다.

나는 이재명 경선캠프를 대표해서 문재인, 안희정, 최성 후보 캠프와 경선 룰에 대한 협상을 진행하며 의미 있는 결과를 만들기 위해 뛰었다.

비록 당시는 이미 '어대문(어차피 대통령은 문재인)'으로 분위

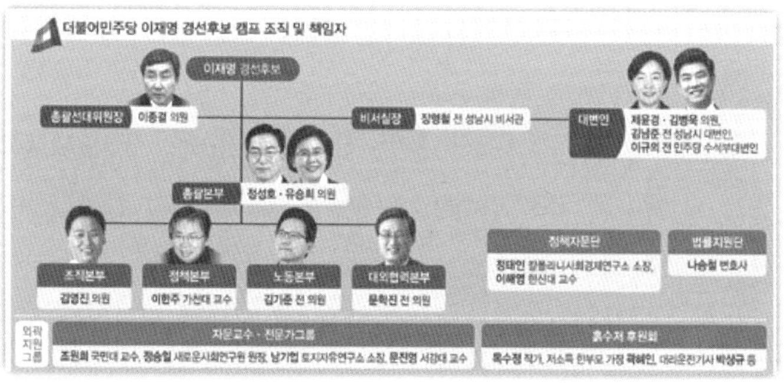

[대선주자 zoom in] 이재명 캠프 면면, 〈세계일보〉 2017.8.29.

기가 기울어진 운동장이긴 했지만, 이재명 후보의 사이다 발언은 수많은 시민과 당원들에게 깊은 인상을 심어주었고, 다음을 기약할 수 있는 발판이 돼주었다.

더 큰 바다로

2017년 19대 대통령선거가 실시되었고, 민주당은 잃어버린 정권을 9년 만에 되찾아 올 수 있었다. 촛불정신의 승리이자 우리 국민의 위대함을 보여준 쾌거였다.

그 이듬해 이재명 시장은 8년간의 성남시정을 마무리하고 경기도지사에 도전하여 56.40%의 득표율로 당선되었다. 좀 더 큰 바다로 나간 그는 성남에서처럼 경기도정을 맡으면서도 역시 굵직굵직한 성과를 내며 도민들의 큰 지지를 받았다.

한편 나는 문재인 정부가 들어선 이후 많은 하마평에도 불구하고 자리를 잡지 못한 채 한가롭게 세월을 보내고 있었다. 그러던 중 지인 한 분이 내게 이런 말을 했다. 이왕 이재명을 돕겠다는 생각이 있으면 경기도에서부터 함께 일하는게 어떻겠냐고?

백수로 보내던 시절이라, 나는 잠시 고민했지만, 그것도 괜찮은 생각인 거 같아 일할만한 기관을 찾아서 공모절차에 지원했다. 그래서 부임한 곳이 경기평택항만공사였다.

항만공사 사장으로 재임하면서 소소한 성과를 내는 재미에 빠져 지냈다. 정치만 해왔던 내가 한 기관의 장으로서 갖춰야 할 여러 덕목 등을 배우고 익히고 적용하는 것이 즐거웠다. 평택에서의 시간은 그렇게 흘러갔다.

어느새 20대 대통령선거가 다가오고 당내 대통령후보 경선의 막이 올랐다. 이재명 지사도 출사표를 던지고 경선에 뛰어들었다. 여러 후보들이 출사표를 던졌지만, 후보는 2강으로 압축되고 있었다. 그 두 사람은 바로 이재명 지사와 이낙연 전 총리였다.

이낙연 전 총리는 당시 국회의원 신분까지 던지며 승부수를 띄웠으나 최종 후보는 이재명 지사가 거머쥐게 되었다.

하지만 이 두 사람의 치열한 경선은 많은 후유증을 낳고 말았다. 당시 경선에서 제기됐던 문제는 이재명 후보의 발목을 잡았으며, 여전히 그 일로 인해 검찰의 입박에서 자유롭지 못한 상태이다. 이낙연 전 총리를 도왔던 사람들은 '수박'이라는 이름으로 불리며, 당내에서 호된 곤욕을 치루었다.

미완의 꿈, 그러나!

이재명 지사가 당의 대통령 후보가 되자마자 나는 바로 사표를 제출했다. 나도 내 주변도 너무나 당연하게 생각했다. 그렇게 나는 민주당 대통령 후보 이재명의 '정무특보단장'이 되었다.

결과적으로 미완의 꿈으로 끝난 지난 대선이었지만, 나는 후회없이 뛰었다. 전국에 5만 5천여 명의 정무특보단을 조직

했고, 전국을 2차례 돌면서 수많은 간담회와 인터뷰를 진행했으며, 각 지역 발대식에 참석해 당원들을 격려하고 고무했다.

서울시당에서 열린 정무특보단 서울시지부 결성식에 참여한 박영선 전 의원은 인사말을 통해 "문학진 의원이 저렇게 열심히 뛰는 건 처음 본다. 자기 선거 때보다도 더"라고 말해 좌중에 웃음을 자아내기도 했다.

이젠 모두 지난 일이다. 그렇지만 끝난 일은 아니다.

아직 우리에게는 이재명이라는 자산이 있고, 그를 지지하는 열정이 살아있다. 나는 그가 꿈을 이룰 때까지 항상 격려하고 지원을 아끼지 않을 것이다. 그게 '이재명의 멘토' 문학진의 길이니까.

이재명의 남자

2008년 하남시에서 국회의원을 연임하고 있던 시기, 성남시에서 시장과 국회의원에 출마했다 떨어진 이재명 대표를 만나게 되었다.

이후 2017년과 2022년 대선에서 민주당 대통령 후보로 이재명 후보가 출사표를 던질 때마다 손잡고 활동하게 되었다.

결과적으로 0.73% 차이로 석패. 민주화 이후 최소 격차로 진 선거였으며, 또 다른 '문세표'가 탄생한 것일 수도 있었다.

하지만 '문세표'가 결국 국회의원이 되었듯이 아직 끝이 아닌 것이다. 우리에게 열정이 살아있는 한 이재명이라는 꿈은 반드시 이루어질 것이다.

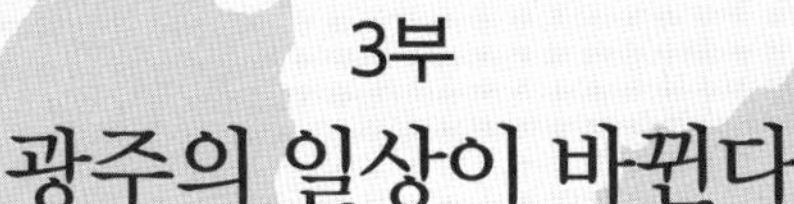

3부
광주의 일상이 바뀐다

시민의 삶, 어떻게 나아져야 할까

하남에서처럼

경기 동부의 허브 도시로

'여성이 살기 편한' 도시

시민의 삶, 어떻게 나아져야 할까

앞서도 말했듯이, 내 고향은 경기도 광주다.

태어난 곳도 광주이고, 나의 정치 인생을 처음 시작한 정치적 고향도 광주다.

어떤 이는 내가 태어난 '구천면 곡교리'가 지금은 서울(강동구 천호동)에 있으니 이제는 서울이 고향 아니냐고 묻곤 한다. 또 내가 국회의원에 당선된 17대(2004년)와 18대(2008년) 선거에 하남시 선거구에서 당선됐으니, 지금은 지역구를 옮긴 셈이 아니냐고 따지기도 한다.

이해를 돕기 위해 설명을 하자면, 내가 처음 정치에 입문했던 95년과 첫 선거에 도전했던 96년만 해도 광주-하남은 같은 선거구였고, 나의 정당 활동 기반 역시 '하남광주지구당'(민주당)이었다. 하남과 광주가 선거구가 분리된 후, 2000년 선거에 출마하여 쓰라린 낙선의 기억과 함께'문세표'라는 별명을 얻은 곳도 광주였다.

팽창한 서울과 신도시, 축소되어 가는 광주

그런데, 흥미롭게도 이런 질문들은 도리어 광주라는 지역이 지난 60여 년 동안 어떻게 흘러왔으며, 이 지역이 가진 특성이 어떠한 것인지 역설적으로 드러내주는 것이기도 하다.

잘 알다시피 광주는 예로부터 서울의 남동부에 위치한 넓은 지역을 아우르는 행정구역 명이었다. 한자로 '넓을 광'(廣) 자를 사용하는 '廣州'라는 지명이 잘 말해주듯, 현재의 성남시, 하남시, 강남구, 강동구, 송파구 일부, 서초구 일부를 포함하던 넓은 지역이었다.

심지어 조선시대로 거슬러 올라가면 현재의 의왕시, 군포시 일부, 수원시 장안구 일부, 화성시 일부, 안산시 상록구 일부, 남양주시 일부까지 관할하고 있던 큰 읍지(大邑)였다.

그러던 것이 1960년대부터 서울과 붙어 있던 지역이 차례차례 서울시의 동남권 행정구역으로 편입되고, 성남시, 하남시가 독립해 지금의 광주시로 축소된 것이다.

경제 성장이 가속화되고 수도권이 팽창되기 시작하면서, 원래 광주였다가 서울이라는 대도시에 편입되거나 신도시들이 되어 독립한 곳들은 자연스럽게 개발, 발전이 이루어지고 성장을 거듭해왔다.

"왜 광주만?" 중첩규제 어떻게 할 수 없나

강남/서초/송파 등 소위 말하는 '강남3구', 강동구, 분당을 포함한 성남, 하남신도시, 위례지구 등이 바로 광주라는 넓은 품에서 갈라져 나온 곳들이다.

이름만 들어도 어떤 곳인지 바로 느낌이 올 것이다. 단순히 발전했다는 표현이 부족할 정도로 이들은 대한민국의 신흥 부촌을 상징하는 대표적 지역으로 화려하게 변신해왔다.

그에 비해 여전히 광주라는 이름으로 남아 있는 지역들은 어떠한가.

2001년, 남아 있는 광주 지역도 광주시로 승격되기는 했다.

그러나 먼저 떨어져 나간 지역들과 달리, 광주라는 이름으로 계속 남아 있는 지역은 발전은커녕 오히려 '중첩규제'라는 굴레가 꽉 조이고 있어서 몇십 년째 고통을 받고 있다.

지역 성장과 발전이 제자리걸음을 하다 못해, 이러다 경기도내 다른 지역들에도 뒤쳐지는 게 아니냐는 걱정과 피해의식이 크다. 내가 만나 본 광주의 지역구민들은 근본적으로 "왜 광주만?"이라는 생각을 가슴에 품고들 있었다.

전혀 상식적이지 않은 제도와 규제의 횡포들

가장 문제가 되는 것은 상수원보호구역 지정 등과 같은 개발행위 규제들이 이 지역에 중첩되어 걸려 있다는 것이다.

그런데 사실 따지고 들어가 보면 이러한 규제들 중 상당수는 오래 전의 지역환경과 여건에 맞추어 도입이 되었다가 그대로 방치된 경우라고 할 수 있다.

이미 지리적, 기술적 여건은 많이 바뀌었는데도 제도가 그 변화를 따라가지 못하고 합리적으로 개선되지 못한 경우에 해당하는 경우가 많다.

그러다 보니 뭔가 작은 개발이라도 해보려는 지역구민들이나, 지역의 미래 먹거리나 인프라 발전을 위해 개발사업이라도 벌이려 하는 지자체 입장에서는 전혀 상식적이지 않은 제도와 규제의 횡포들을 줄줄이 만나게 되는 일이 벌어지는 것이다.

서울 동남권의 '어머니' 광주, 역차별은 안 돼

낡은 토지이용 규제들은 체계적인 개발 계획을 힘들게 만든다. 오랜 시간 동안 서울 동남권을 어머니처럼 품어 왔던 곳이 광주였다.

그런데 이런 규제들을 합리적으로 개선해오지 않은 탓에 역차별을 당하고 있고, 경기도내 다른 도시들이나 지자체들과 비교해 볼 때 심각한 발전 불균형을 만드는 원인이 된다는 지적이다.

예를 들어 보자. 광주와 같이 넓은 도농지역에는 소규모 공장들이 난립하기 쉽다. 이러한 공장들이 질서나 계획 없이 여

초선 의원 시절 지역행사장에서 주민들과 함께(2006년경).

기저기 흩어져 있게 하는 것보다는, 난립한 공장들을 집단화하는 것이 여러모로 바람직하다. 그런데 토지이용을 가로막는 규제들이 여럿 겹쳐 있다 보면, 산업단지 조성이 어려울 수밖에 없지 않겠는가.

또한 지역의 미래 먹거리를 위해서는 첨단 기술을 도입하거나 시도하려는 대기업이나 연구시설, 혹은 벤처 스타트업들의 체계적인 유입이 필수적이다.

그러나 여전히 광주의 풍경은 중소규모 공장들이 드문드문 들어서 있는 어수선한 도·농 지역을 벗어나지 못하고 있다.

주거, 교통, 일자리 – 일상의 삶을 위한 정치 필요

게다가 더 큰 문제는, 이는 주거환경의 질을 떨어뜨리는 원인이 된다는 것이다. 주거환경의 질이 떨어지면 지역구민들의 삶의 질도 그에 따라 함께 저하될 수밖에 없다.

쉽게 말해 깔끔한 도시환경의 밀도 높은 주거지도 아니고, 넉넉한 여유로움이 있는 전원 주거지와도 거리가 멀다. 먼지 뿜는 화물차들이 소음과 함께 들락날락하는 거대한 창고, 소음과 먼지나 폐기물을 퍼뜨릴 듯한 낡은 공장들이 여기 불쑥 저기 불쑥 있는 곳에서 살고 싶은 사람이 누가 있겠는가.

그렇게 해서 인구의 밀집도가 낮아지다 보면 자연히 교통망을 비롯한 공공 인프라와 공공 서비스 체계를 충분히 갖추기가 어렵게 된다.

나는 광주의 성장과 개발 및 발전을 근본적으로 가로막고 있는 낡은 중첩규제들을 혁신하고, 주거환경, 광역교통망 등 시민들의 일상의 삶, '생활의 문제'를 위해 꼭 필요한 인프라 문제들을 해결하는 것이야말로 정체되어 고통받는 광주의 발전을 위하는 진정한 정치라고 생각한다.

그리고 60대 중진 정치인이 된 나 문학진이 가장 우선하여 해결해가야 할 숙제라고 스스로 다짐한다. 그 얘기들을 이번 장에서 풀어놓아 보도록 하겠다.

나는 광주 토박이

내가 태어난 곳은 경기도 광주군 구천면 곡교리이다. (지금은 서울 강동구 천호동)
우왕!
그 녀석 목소리도 참 크구나!

누군가는 17대(2004년), 18대(2008년) 국회의원 재선을 한 곳이 하남 선거구이니 지역구를 옮긴 거냐고 묻기도 한다.
하남은 광주가 아니잖소?
과거 광주-하남은 같은 선거구였고, 제가 '문세표'가 된 곳도 광주였습니다.

사실 광주는 주변 지역을 모두 포함하는 넓은 지역이였다.
모두 광주였다고!
하남
강동
광주
강남·서초
성남

다시 말해 서울 동남권의 '어머니'는 광주!
나는 광주 토박이!
중첩 규제와 우선 순위에서 밀렸던 광주의 발전을 위해 힘쓰겠습니다!

하남에서처럼

3표 차이 낙선으로 '문세표'가 됐던 나는 여전히 광주지역 위원장으로서 역할을 하고 있었다.

그러던 중 2002년에 역대급이라 불릴 정도로 많은 재·보선 선거가 이루어지게 되었다. 13곳이나 되었던 소위 '8.8 재보선'의 선거지역 중에는 하남도 포함되어 있었다.

당은 광주에 있던 나를 차출해서 하남 선거로 내보냈다. 결과는 낙선. 또 떨어진 선거였지만, 8.8 재보선을 계기로 나는 지역구를 하남으로 옮겨 새롭게 당의 지지 기반을 닦는 일에 몰두했다.

다시 2년 후 치러진 2004년 총선. 드디어 당선되어 국회에 입성할 수 있었다. 재선거 포함 3번의 낙선 끝에 처음 주어진 기회였다. 원외라는 한계에서 못내 아쉬웠던 내 신념과 소신을 원내에서 마음껏 펼칠 수 있게 되었다.

하남엔 있고, 광주엔 없는 것

재선까지 이어진 8년간, 하남에서 많은 일이 있었고, 많은 일을 이뤄냈다. 하남에서의 경험을 돌아보면서, 광주에서 다시 기회가 주어진다면 반드시 이뤄내고 싶은 것들이 있다.

하남은 이미 갖췄는데, 아직까지 광주에는 없는 것들이 있다. 대표적인 게 지하철과 신도시다.

하남은 미사강변도시와 감일·위례신도시(하남권역)가 있고, 교산신도시가 조성 중이다. 15만 명 인구였던 하남시가 33만 명에 이르렀다. 교산신도시가 완성되면 인구는 더 늘고 혜택은 높아지게 된다.

신도시 안에 각종 생활시설이 늘고, 학교가 들어설 것이다. 정비된 도로와 안정된 치안, 광역교통대책이 추가 수립될 것임은 물론이다. 하남은 5호선 연장을 넘어, 이제 9호선과 3호선 연장까지 추진 중이다. 신도시가 도시발전을 가속화하며 구도심과 공존하게 된다. 한마디로 시민들의 자부심이 늘고 삶의 질이 높아지게 되는 것이다.

하남, 성남이라고 원래부터 그랬을까?

그럼 우리 광주는 어떤가?

뜬금없이 서 있는 나홀로 아파트, 우후죽순 들어선 빌라와 비좁은 도로, 그에 따른 만성적인 주차난과 출퇴근 교통대란.

어색함과 부조화, 불편함이 오히려 익숙하게 느껴지기까지 한다. 그러니 난개발이라고 불러도 이상할 것이 없다.

원래 하남도 크게 다르지 않았다. 또, 성남이라고 달랐을까? 그러나 지금 광주 옆에 있는 두 도시(그것도 '어머니' 광주에서 독립해 나간!)는 크게 변화했다.

새로 신도시를 조성해 인구를 늘렸다. 그에 따른 광역교통 대책이 수립되어 지하철이 들어서고 도로가 개설됐다. 살기 좋은 도시가 된 것이다.

물론 광주도 급격한 인구증가가 있었다. 그러나 그것은 도시계획과 발전에 따른 안정적인 인구유입이 아닌, 인근 도시의 집값 상승과 재개발에 따른 불안정한 이사 수요라는 건 알 사람은 다 안다.

광주도 할 수 있다

이젠 광주에서도 새로운 성장 동력을 이끌어 낼 '그 무언가'가 절실히 필요하다. 나는 그것이 '신도시 건설'이며, 그에 따른 '지하철 연장'이라고 생각한다.

하남에서 내가 추진하고 완성했던 '5호선 연장'과 '미사강변도시 건설' 같은 신도시 계획을 광주에 옮겨 심어 보려고 한다.

아마 대부분 광주시민이라면 그런 생각을 한 번 이상은 해보았을 것이고, 기회 있을 때마다 그 생각들을 나눠봤을 것이다.

그런데, 누구나 말은 할 수 있지만, 누구나 실천에 옮겨 실행하기는 어려운 것이 정치이고 정책일 것이다.

시민들의 그런 생각과 마음들을 하나의 꿈으로 묶어낼 수 있고, 필요한 행정부처와 관계자들을 만나 그 꿈을 현실로 바꾸어낼 수 있는 경험 있는 정치인이 반드시 필요한 것이다. 고기도 먹어본 사람이 잘 먹듯이, 신도시 계획도 해본 사람이 더 잘할 수 있는 것이다.

내가 국회건설교통위원회 소속일 때, 나는 질의 때마다 "강남보다 더 좋은 수도권 신도시 후보지 하남의 문학진입니다"로 말을 시작했다. 그러면 당시 동료 의원들뿐만 아니라 관료들조차도 '무슨 말도 안 되는 소리야!'라는 표정으로 웃곤 했다.

하지만 나는 건교위 소속으로 있는 동안, 끊임없이 당시 건설교통부 장관을 비롯해 주요 간부들을 만나 설득했다. 그러다 보니 처음엔 아예 대상지도 아니었던 하남이 어느 순간부터는 '고려의 대상'이 되었고, 마침내는 '신도시 후보지'가 되었다.

미사강변도시처럼

미사강변도시(정확한 명칭은 '하남미사 보금자리주택지구'이다.)를 시작으로 위례신도시, 감일신도시에 이어 교산신도시까지

들어서면서 하남의 모습은 완전히 바뀌게 되었다.

당시 미사강변도시는 서울시 강동구와 맞닿아 있는 곳으로, 주민들의 개발 의지는 강한 지역이었으나 개발제한구역으로 묶여있던 탓에 농지로 남아 있었다.

그랬던 것이 나의 끈질긴 설득과 압력(?)으로 2009년에 강남 세곡, 강남 우면, 고양 원흥과 함께 보금자리주택 시범지구로 지정되면서 그린벨트를 해제하고 택지지구로 개발할 수 있게 된 것이다.

오늘 현재, 미사강변도시는 자족 생활이 가능할 만큼 상업시설이 활성화되어있다. 특히 젊은 부부들이 가장 선호하는 신도시적인 요소들을 완벽히 갖추고 있어, 20~30대 부모들과 어린 아기들로 구성된 세대가 많은 편이다.

미사 전 지역에서 도보로 식당, 키즈카페, 소아과, 마트, 극장, 공원 등의 이용이 가능하다. 특히 미사강변도시는 100% 평지이다. 아이 키우기에 완벽한 조건이기에 젊은 세대의 선호도가 높은 편이다.

미사역 근처는 미사강변도시에서 가장 발전된 중심상업지구로, 은행이나 병원 등이 대부분 이곳에 몰려 있고, 외식, 문화, 위락시설 등이 발달하였다. 교통의 중심지이고 보행자 전용로가 잘 조성되어 있어서 그런지, 요즘은 서울에서 거꾸로 이곳으로 놀러오곤 하는 상황이라고 한다.

광주에도 이런 신도시 건설이 필요할 때이다. 자연친화적·친환경적 신도시, 짜임새 있는 계획도시 건설이 매우 필요하다.

숙원이었던 지하철, 화룡점정이 되다

나는 신도시계획이 확정된 것을 본 후에 당시 하남의 숙원이었던 지하철 연장을 바로 추진하였다.

건설교통부 장관과 고위관료들을 찾아다녔는데, 신도시 유치보다는 상황이 좋았다. 신도시건설로 인구증가가 예상되었기에 지하철 연장을 말하기가 한결 수월했다. 하지만 구도심까지 연장하는 게 필요하다는 것이 문제였다.

도시는 구도심과 신도시의 조화가 반드시 이뤄져야 한다.

신도시까지만 지하철이 연장된다면 구도심은 시간이 지날수록 낙후될 것이 자명하다.

지루한 논의가 지속되었다. 나는 지하철 연장에 들어가는 예산까지 책임지겠다는 각오로 건설교통부, 기획재정부 등의 관료들을 설득하러 돌아다녔으며, 여야를 가리지 않고 예산결산위원들을 찾아다녔다.

나의 노력이 가상했던지 동료의원들은 지하철 연장을 위한 예산을 확정해 주었고, 건교부와 기재부의 승인도 얻게 되었다. 그 결과 얻어진 것이 '하남검단산역'까지 연장된 지금의 5호선이다.

"고기도 먹어본 사람이"

나보고 광주에서 반드시 하고 싶은 것을 꼽으라면 주저 없이 '신도시 건설'과 '지하철 유치'라고 말하고 싶다. 하남에서의 내 경험에 비춰보면, 광주에서는 5만호 신도시 건설과 지하철 연장이 충분히 추진 가능하다고 확신한다.

"고기도 먹어본 사람이 잘 먹는다."

무슨 일이든 경험이 있고 해본 사람이 더 잘 하기 마련이라는 속담이다. 당연하다. 문제가 무엇인지 파악해보고, 그 문제를 어떻게든 풀어보려고 애써 본 사람. 고생해서 겪어 본 사람만이 그 일에 노하우(know-how)가 생겨 잘 할 수 있게 된다.

나는 나의 노하우가 광주를 위해 쓰이길 진심으로 바란다.

하남에서 처럼

'문세표'가 된 이후 재선거 포함 3번의 낙선 끝에 2004년 총선에서 국회에 입성한 후, 재선으로 8년간 하남에서 많은 것들을 이루었다.

그 중 대표적인 것이 바로 '신도시'와 '지하철'이다.
신도시!
지하철!

하남과 성남은 되는데, 왜 광주에서는 안되는 걸까? 모두들 같은 고민을 합니다.
??
하남
광주

'고기도 먹어본 사람이' 하남에서 성공했던 노하우를 이제 광주를 위해 사용할 때입니다!
광주도 할 수 있다!

경기 동부의 허브 도시로

광주시를 포함한 경기 동부 지역은 각종 중첩규제에 묶여 도내에서도 상대적으로 낙후된 지역이다. 균형발전과 지역개발을 위해서는 기존의 방식이 아닌 새롭고 획기적인 발전전략이 필요하다.

※ 광주시의 중첩규제 : 수도권정비계획법에 따른 자연보전권역 광주시 전역, 환경정책기본법에 따른 팔당특별대책 1권역 광주시 방도2리 제외 전역, 수도법에 따른 상수원보호구역 83.626㎢, 개발제한구역 지정 및 관리에 관한 특별조치법에 따른 개발제한구역 104.36㎢, 군사기지 및 군사시설 보호법에 따른 군사시설보호구역 6.42㎢ 지정 등이 여기에 해당한다.

주거환경을 개선하고 교통난을 해소하는 것 못지않게 우리가 살고 있는 도시의 성장을 계획하지 못한다면, 광주의 미래는 없는 것이나 다름없다.

특별한 요구? 특별한 전략(!)이 필요하다

그간 광주시에 관련되었던 많은 정치인과 행정가들이 한 목소리로 말한 것이 있다.

"특별한 희생에는 특별한 보상이 필요하다."

여러 정치인들이, 자신이 국회의원이 되면, 자신이 시장이 되면, "광주시를 억누르고 있는 중첩규제를 해결하고 반드시 광주시의 발전을 이뤄내겠다"고 목소리를 높인 바 있다.

그런데 아직도 여전히 이중, 삼중의 규제는 그대로 존재하고, 보상은커녕 현대인의 '일상의 삶의 질'을 좌우하는 기초적인 교통난조차 해결하기도 힘든 것이 현실이다.

왜 여전히 이 문제가 풀리지 않는 것인가?

특별하게 희생하고 있어서 특별한 보상(?)을 받아야 한다는 단순논리 정도로는 어느 누구도 실제로 움직일 수는 없을 것이다. 그렇다면, 보다 특별한 전략이 필요하지 않을까? 그리고 중앙정부와 긴밀히 협의하여, 민의에 의한 강력한 요청을 전달하고 같이 머리를 맞대고 해결할 수 있는 중앙정치권의 정치력 또한 뒷받침되어야 가능한 일이 될 것이다.

늘 하던대로가 아니라, 좀 더 과감하게 40만 광주시민의 희생을 보상할 수 있는 '특별한 요구'를 중앙정부와 정치권에 전달해야 이를 관철시킬 수 있지 않겠는가.

‘광주 경제자유구역’ 지정이 시급하다

나는 그에 대한 대안으로 ‘광주 경제자유구역(Free Economic Zone)’ 지정과 경기도 동부청사 건립 및 유명 대형 병원과 대학의 광주캠퍼스 유치를 추진하겠다는 계획을 세워놓고 있다.

‘경제자유구역’이란, 경제특구의 한 종류다. 해외 투자자본과 기술을 적극적으로 끌어오고 싶은데, 해외 자본이 원하는 규제 완화와 경제개방이 쉽지 않을 때가 많다. 이때 정부에서 특정 구역을 지정하여 이 지역에 대해서만 규제완화 및 경제개방을 실시하도록 할 수 있다. 적극적으로 해외 자본과 기술을 끌어오도록 유도하는 경제 전문 특별구역이 되는 것이다.

이 제도는, 20세기 후반 중국이 상하이와 선전에 경제특구를 설치하여 급속도로 발전하는 것을 본 우리 정부가 이를 모방해 제정한 것이다. 대규모 도시계획에 따른 신도시를 조성하여 이 신도시를 통해 외자를 끌어와서 발전해보자는 취지가 그 골자이다.

나는 이 모델이 우리 광주시에 딱 맞는 형태라고 생각한다. 신도시 건설과 경제자유구역 지정을 이끌어낸다면, 자연적으로 광역교통대책이 수립되어 도로환경 개선과 도로 신설, 지하철 연장 등이 뒤따르게 된다.

또한 외국기업의 투자가 이어지고 양질의 일자리가 창출되어, 젊고 유능한 인재들이 자연스럽게 모여들게 되면 연관 산

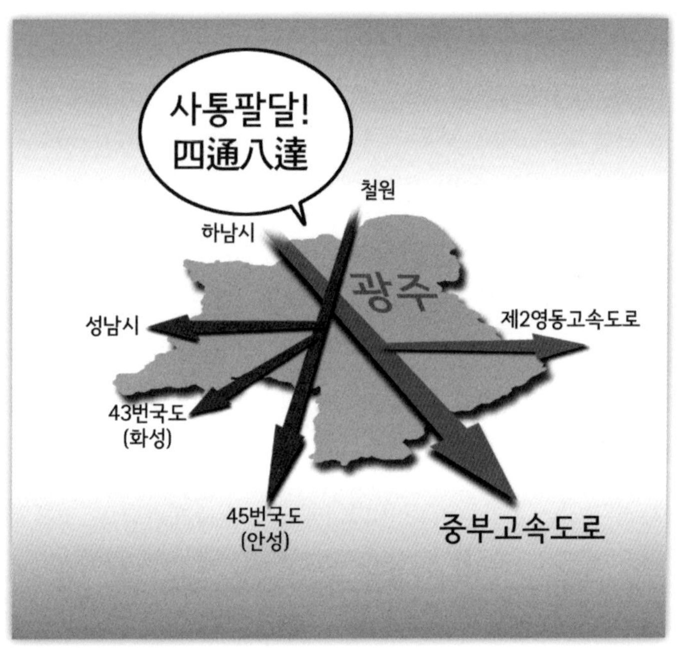

업의 인재육성과 공급이 필연적이게 된다. 그리고 이를 위한 각종 편의시설이 필요하게 되어 지역 경제가 자연히 활성화될 수 있다.

당연하게도 이에 필수적으로 동반되는 것이 바로 의료와 교육이 아니겠는가. 경기 동부 300만 도민의 건강과 삶의 질 향상에 필수적인 대형 의료시설을 광주에 유치하고, 유명 대학의 광주캠퍼스를 설립한다면 지금까지의 광주가 아닌, 전혀 새로운 광주시의 모습으로 재탄생 할 것이다.

이것이야말로 우리가 같이 힘을 합쳐 추진해야 할 '특별한 희생에 따른 특별한 보상'이 아니겠는가?

첨단산업 산실로 거듭나는 자족도시, 광주

광주의 지리적 특성상, 항만을 중심으로 한 물류거점화 지역은 어려울 것이다. 하지만 지식기반산업을 중심으로 한 첨단녹색소재산업, 인공지능 기반 신산업, 친환경 융복합 비즈니스 등을 중심으로 한 경제자유구역 지정이 가능할 것이다.

나는 광주시가 이를 통해 50만 자족도시로 성장해, 젊고 새로운 도시로 발전해나가 경기 동부를 이끌어 갈 리더가 될 도시로 성큼 올라서야 한다고 생각한다.

꿈을 이루려면 실천해야 한다. 앉아서 푸념만 늘어놓아서는 문제가 해결되지 않을 것이다. 중첩규제에 의한 피해 호소만 계속 늘어놓을 것이 아니라, 말 그대로 '특별한 희생에 따른 특별한 보상'을 적극적이고 구체적으로 요구해야 한다. 우리 광주시민의 자존감을 세우고, 광주시를 살고 싶은 도시로 만드는 것, 그것이 지금 광주에 살고 있는 우리의 비전이자 책임이 아닐까?

경기 동부의 중심도시로!

경제자유구역 외에도, 광주시의 발전을 위해 중요한 한 가지를 더 꼽으라면 나는 광주시에 경기도 동부청사를 건립하는 일이라고 말하겠다.

이는 경기도의 균형발전을 위해 정말 필요한 일이고, 광주, 성남, 용인, 이천, 여주, 하남, 양평 등 경기 동부지역 전체를 위해서도 반드시 달성되어야 하는 일이다.

지금 경기 동부지역의 인구는 300만 명을 넘어서고 있다. 충남, 전남 등 9개 광역지방자치단체보다 인구가 많다고 얘기하면 처음 듣는 이들은 모두들 깜짝 놀라곤 한다. 물론 출생률이 급격히 저하된 오늘날, 그만큼 지방이 쇠락해 가고 수도권으로 인구 집중이 심화되고 있는 양상을 나타내주는 통계라는 점에서 한편으로 안타까운 모습이긴 하다.

그러나 경기 동부지역의 입장에서는 당장 늘어난 도민들의 행정서비스 수요를 원활하게 처리하는 것이 당면과제가 되었다. 또한 지역적으로 너무 넓은 단위를 책임져야 하는 경기도로서는 경기 남부에 치우쳐 집중되어 있는 인프라와 발전과 성장의 기회를 고르게 가져갈 수 있는 균형발전 전략을 펼쳐야 할 책임이 있다.

경기도 동부 청사를, 그 중심이 되는 '어머니 광주'에 건립함으로써 위 두 가지 과제를 해결할 수 있을 것이다. 광주가 명실상부 경기 동부의 허브로 올라설 수 있도록 행정, 경제, 교통, 의료, 교육의 중심지로 지금부터라도 바로 세워나갈 계획을 지역구민들이 함께 세우고 노력해야 한다.

신도시를 중심으로 광주 경제자유특구가 들어서고, 그에 따른 일류 의료시설과 대학 캠퍼스가 세워지며, 새로운 도로와 지하철이 갖춰지는 광주의 모습을 상상해 본다. '자녀 도시'라 할 수 있는 이웃 성남이나 하남에 부러운 눈길을 던질 이유가 하나도 없을 것이다. 그렇게 되면 지금 광주의 목표인 50만 자족도시를 넘어서, 100만 이상의 '광주특례시'도 꿈은 아니게 될 것이다.

'특별한 희생에 따른 특별한 보상'을 진정 원한다면, 이와 같은 우리의 비전을 이루고자 한다면, 적극적으로 중앙정부와 정치권에 광주가 겪고 있는 피해와 희생을 알리고, 광주의 요구를 정확하게 전달해 관철시켜야 할 것이다. 광주시민 모두가 힘을 합쳐 함께 해야만 할 일이고, 앞장서야 할 누군가도 필요할 것이다. 그 일을 나는 이루어내고 싶다.

경기 동부의 허브 도시

"특별한 희생에는 특별한 보상이 필요하다!"
여러 정치인들이 목소리를 높였지만...

?

'여성이 살기 편한' 도시

내가 있는 이곳 광주시는 자연환경과 문화유산이 풍부한 곳이고 이웃 간에 정이 넘치는 도시다. 하지만 인구증가와 더불어 치안, 주거, 교육, 환경 등 여러 문제들이 생겨나고 있다.

특히 다른 어느 문제보다, 여성과 관련된 문제가 점점 이슈가 될 수밖에 없는 환경이 되고 있다. 광주시의 치안 수요는 전국 평균보다 낮은 수준이긴 하다. 2022년 기준으로 광주시의 1만 명당 범죄발생 건수는 101.8건으로, 전국 평균인 136.3건보다 낮은 편이기 때문이다.

여성이 안심할 수 있는 촘촘한 안전망 시급

하지만 광주시의 범죄유형은 강력범죄, 성범죄, 절도범죄 등이 많으며, 특히 성범죄의 비율이 높다. 2022년 기준으로 광주시의 성범죄 발생 건수는 1,027건으로, 전국 평균인 1,000건보다 높다. 이래서야 어떻게 여성이 안심하고 살 수 있겠는가.

나는 평소에 여성이 살기 편안한 도시가 되어야 최고의 도시가 될 수 있다고 생각한다. 현실적으로 여전히 존재하는 여성에 대한 편견과 유리벽이 사라져야 한다고 믿는 사람이고, 가사와 육아가 남녀 사이에 평등하게 이뤄지기를 바란다.

유급 육아휴직이 보편화 되고, 교육은 국가가 전적으로 책임지며, 안락한 주거환경이 부담 없이 보급되고, 아이들이 걱정없이 자랄 수 있는 환경이 조성되기를 희망한다. 이런 문제가 해결되지 않는 한, 전 세계 꼴찌인 합계출산율 0.778명이라는 오명으로부터 벗어날 수 없다.

그런데 가장 기본이 되는 여성 치안이 안심될만한 수준이

되지 않는다면, 나머지 문제의 해결 또한 시작부터 어려워질 것은 뻔하다.

여성 안전이 가정 안정, 국가의 미래로 이어져

나는 이런 문제를 해결하기 위해, 가로등을 촘촘히 설치하고 골목마다 CCTV를 대폭 설치하며, 여성안심귀가서비스와 여성안전지킴이를 배치하여 여성의 안전을 강화해야 한다고 생각한다.

어디 이뿐이겠는가. 우리가 동원할 수 있는 모든 방법을 다 써도 부족하다는 생각이다. 여성안심 쉼터, 여성안심 버스정류장, 여성안심 택배함 등. 내 아내와 내 누이와 내 딸아이를 위한다는 마음으로 이 문제를 접근해서 해결해야 한다.

단순히 예산의 문제가 아닌 우리 가족의 문제인 것이다. 여성이 안전해야 가정이 안정되고, 국가의 미래가 보장되지 않겠는가 말이다.

난개발로 인한 주거 문제, 주거복지에 초점 맞춰야

주거의 문제도 빼놓을 수 없다. 광주시의 주거 문제는 과밀 현상과 부족 현상이 동시에 나타나는 전형적인 난개발의 양상을 띠고 있다.

앞서 말한 바와 같이 광주시는 자연보존권역, 팔당상수원

관리구역, 그린벨트, 군사시설보호구역, 수질오염총량제 등 여러 가지 중첩규제를 받고 있어 대규모 택지개발이 어려운 상태다. 이로 인해 인구와 세대는 증가하는데 주거 공급이 따라가지 못하는 수급 불균형이 생기고 있으며, 난개발로 인한 도시계획의 혼란도 심각하다.

그러다 보니 광주시의 주택가격은 수도권 평균보다 높은 편이며, 전세 가격 역시 전국 평균보다 높다.

이러한 문제를 해결하기 위해서는 규제로부터 자유로운 특별구역을 지정하여 대규모 택지개발을 활성화하여, 양질의 주택을 공급해야 한다. 또한 이 과정에서 공공주택을 포함, 저소득 시민들도 소외되는 일이 없어야 한다. 사회적 약자를 위한 임대주택 공급을 확대하고, 전세자금 대출을 지원하며, 주택임대차보호법을 강화하여 주거복지를 향상시키는 등 다양한 서민 계층을 배려하는 정책 운용이 필요하다.

도시재생사업 역시 적극 추진해야 한다. 낙후된 주거지역을 개선하고, 도시환경을 새로이 정비해야 한다. 곳곳에서 추진하고 있는 '그린스마트시티'를 하루 속히 우리 광주시에 도입하여, 쾌적한 환경에서 안심하며 생활할 수 있도록 해야 한다.

미래 세대 위한 교육 복지에 집중해야

치안과 주거환경이 개선되는 것만으로도 광주시는 살기 좋은 도시가 될 것이라 확신한다. 하지만 그에 못지않게 중요한 것이 하나 더 있다. 바로 교육 문제이다. 우리 미래 세대를 위한 선진화된 교육 환경이 조성되어야 진짜 살기 좋은 도시로 불릴 수 있을 것이다.

광주시의 교육 문제의 본질은 수요와 공급의 불균형에 있다. 광주시는 인구증가와 더불어 교육수요가 꾸준히 증가하고 있는데, 2022년 기준으로 광주시의 학생 수는 67,000명으로, 전국 평균인 55,000명보다 21.8%가 높다.

하지만 광주시의 교육 공급은 수요에 비해 부족한 상태로, 광주시의 초등학교는 한 학교당 1,000명 이상의 학생을 수용하고 있으며, 중학교와 고등학교는 한 학교당 800명 이상의 학생을 수용하고 있다. 그런데도 광주시의 교육시설은 낡고

노후화되었으며, 교육 환경은 불편한 상태이다.

나는 이런 광주시의 교육 문제가 반드시 해결되어야 한다고 생각하고, 그 문제를 풀기 위해서 내가 할 수 있는 역할을 찾고자 한다. 일단 교육시설을 증설하고, 우리 아이들이 편안하게 학교생활을 할 수 있도록 환경을 개선해야 한다. 중고등학교와 초등학교 추가 신설은 기본이며, 기존의 교육시설을 보수하고, 교실과 화장실, 체육관 등도 개선해야 한다.

교육과정과 교육방법을 혁신하여, 교육품질을 향상시키는 데에도 심혈을 기울여야 할 것이다. 미래지향적인 창의적·융합적 인성교육을 강화하고, ICT(정보통신기술)를 활용한 스마트교육도 적극적으로 도입해야 한다. 또한 교육의 주체 중 하나인 교사의 역량을 강화하고, 복지 향상에도 과감한 투자가 이어져야 한다.

여성이 광주에서 살고 싶어해야

나는 이 모든 것들이 하루빨리 광주시에 정착되기를 바라고, 그렇게 되기 위해 필요한 역할을 하려고 한다. 그 누구보다도 여성들이 안심하고 살고 싶어 하는 도시로 바뀌어야 한다.

광주시의 목표가 '2040년에 50여만 명이 사는 자족도시'라고 하는데, 나는 다른 그 무엇보다도 '여성이 편한 도시'가 되지 않으면 이루기 어려운 목표라고 생각한다.

그렇지 않으면, 아무리 좋은 일자리가 생겨도 인근 도시에 거주하면서 직장만 광주로 다니는 일이 없으리라고 누가 보장할 수 있겠는가?

확실한 치안, 쾌적한 주택과 환경, 깨끗한 학교와 내용 있는 교육이 제공되고, 여성친화적인 각종 시설(여성 취업·창업지원, 육아카페 등 돌봄 및 공동육아 공간, 여성활동 공간 및 역량강화 교육훈련 공간 등)들을 우선적으로 설립하여 개방한다면 광주시는 여성이 살고 싶은 도시로 변모하면서 성장할 수 있으리라 확신한다.

여성이 편안한 도시가 최고의 도시다!

여성이 살기 편한 도시

광주시의 범죄발생건수는 전국 평균보다
낮지만...
범죄
청정 도시!
광주시

성범죄 발생건수는 전국 평균보다
높은 현실!!
돌려차기!
꺅!!

여성 안전은 가정 안정으로 이어지고,
또한 국가의 미래로
이어집니다.
휴...
여성
안전
턱!

여성이 살고싶은 도시!
여성이 편안한 도시가 바로
최고의 도시입니다!
광주로!
가자!
광주시

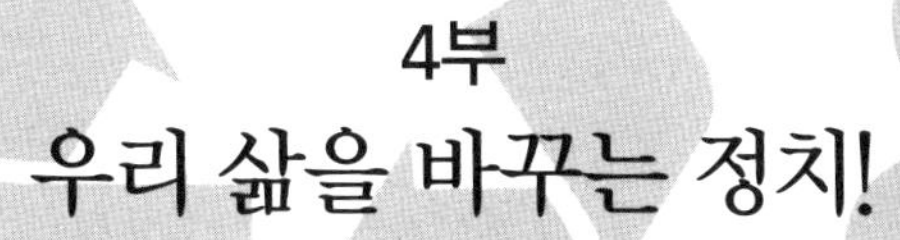

4부
우리 삶을 바꾸는 정치!

거꾸로 가는 윤석열 정부

윤 정부의 ‘외교 무지’ 일본을 어찌할까?

민주당부터 변화해야 한다

꽉 막힌 정치, 확 뚫어버립시다!

거꾸로 가는 윤석열 정부

나는 요즘 잠을 잘 못 이룬다.

박정희 독재에 맞서 학생운동을 했던 시절부터 우리 사회의 변혁에 뛰어든 지 어언 50년. 그 사이에 우리 사회의 민주주의와 정치는 많은 국민들의 피와 노력으로 큰 진보를 이루었고, 전 세계적으로도 대한민국은 아시아를 대표할 만한 민주국가로 자리를 잡았다.

그런데 윤석열 정부가 들어선 이후로는 역사와 사회 진보의 시계가 거꾸로 가다 못해 마치 50년 전으로 다시 후퇴한 기분이 들곤 한다. 그러니 자다가도 불쑥 깨어나 '혹시 내가 타임머신을 타고 과거로 돌아간 걸까?' 하는 착각을 하게 되는 것이다.

역사의 시계를 거꾸로 돌리고 있는 윤 정부

얼마전 벌어졌던 국가보훈부 장관의 일부 독립운동가들에 대한 서훈 시비, 그리고 육군사관학교의 뿌리를 상징하는 의

미에서 설치한, 다섯 명 독립전쟁의 영웅들(홍범도, 김좌진, 지청천, 이범석, 이회영)의 흉상을 철거하겠다는 계획 발표는 '역사의 시계를 거꾸로 돌리고 있는' 현 정부의 모습을 너무나 극명하게 드러낸 사건들이었다.

거꾸로 가는 역사의 시계는 군사독재 시절에나 써먹던 '반공=애국'이라는, 낡아서 예전에 이미 분리수거되었던 논리를 다시 휴지통에서 꺼낸 것이다. 더구나 낡아서 부서지기 쉬운 것을 재활용하다보니 은근슬쩍 '친일'이라는 지저분한 테이프를 군데군데 붙여 고정시킬 수밖에 없는 무리수를 계속 두고 있다.

예를 들어 윤석열 정부에서 국가보훈부가 출범하면서, 한

국전쟁에서 전공을 인정받았다고 하는 백선엽이란 인물과 관련하여 대전현충원에 기록된 "친일반민족행위자"라는 표현을 삭제했다.

백선엽은 이명박 정부 때인 2009년 대통령 직속 '친일반민족행위 진상규명위원회'가 친일반민족행위자로 공식 판정한 인물로서, 일본의 괴뢰국가인 만주국의 중앙육군훈련처를 졸업하고 장교가 된 다음, 항일무장독립 세력을 토벌하는 데 초점을 맞춰 특별히 설치한 간도특설대 장교로 복무한 사람이다. 이는 본인조차 자신의 회고록에서 "독립을 위해 싸우고 있던 한국인을 토벌한 것"이라고 인정한 부분이다.

본인이 그렇다고 인정하는 것을, 정부가 삭제했다? 그것은 반공 공적을 강조하기 위해서는 친일 경력 정도는 눈감아주겠다는 뜻이 아닌가.

국론 분열시키는 철 지난 이념논쟁, 의도 의심스러워

육군사관학교에 흉상이 설치된 홍범도, 김좌진, 지청천, 이범석, 이회영 등 다섯 분. 이들의 흉상을 육사에 설치한 것은 지난 2018년 3.1운동 99주년을 맞아 '대한민국 호국의 간성'인 육군사관학교의 정체성과 뿌리를 바로세우기 위해 결정한 일이다. 이분들이 도대체 누구인가? 이분들은 모두 육사의 전신이라고 평가되는 신흥무관학교, 그리고 청산리 독립전쟁의 영웅들이다.

그런데 이분들의 흉상을 철거하겠다는 것은, '반공=애국'이라는 낡은 프레임으로는 도저히 담아낼 수 없는 큰 그릇의 '민족주의자'들이기 때문이지 않겠는가. 특히 홍범도 장군에 대한 국가보훈부의 공격은 확실히 도를 넘은 부분이어서, 여당인 국민의힘 일부 인사들까지 이에 반대 의사를 표하기도 했다.

이렇듯 국론을 분열시키고, 이제는 낡았다고 누구나 생각하고 있는 철 지난 이념논쟁을 다시 땅 위로 끌어올리려는 현 정부의 의도가 도대체 무엇인지 다들 궁금해 하고 있다.

뉴라이트식 친일 식민사관 의혹도

공교롭게도 뉴라이트라고 하는, 친일 성향이 강한 극우 논객들이 SNS 채널들을 통해 우리 사회에 건국절 논쟁, 이승만 재평가 논쟁 등을 벌이는 시점과 맞물리고 있어서 혹 이들이 영향을 미치는 것은 아닌지 여러 추측들이 분분하다.

이와 관련해서 최근에 윤석열 대통령이 반대 여론을 무릅쓰고 임명한 신원식 국방부 장관이 과거 유튜브 채널을 통해 했던 발언들이 줄줄이 논란이 되는 어처구니없는 일들도 벌어지고 있다.

신 장관은 12·12 및 5·16군사 쿠데타를 옹호하는 발언을 한데 이어, 이완용이 비록 매국노였지만 어쩔 수 없는 측면도 있었다는 발언을 함으로써 '친일 식민사관'을 갖고 있다는 비판을 받고 있었다. 그런데 새로 밝혀진 과거 영상에서는 대한제국이 존속했다고 해서 일제보다 행복했다고 우리가 확신할 수 있느냐고 말했던 것이 추가로 드러나 정말 친일파 같다는 논란이 계속되고 있다.

급격한 기술, 환경, 세계정세 변화 대처할 국민 역량 분열시켜

군사독재 시절에 대해, 당시에는 어쩔 수 없었던 부분이 있다고 생각하거나 주장하는 사람들이 꼽는 가장 큰 이유는 경제성장일 것이다. 어쨌든 억지로라도 국민을 단합시킨 덕분에, 가난해서 밥도 제대로 못 먹던 시절을 벗어나게 해준 공로가 크니 민주주의가 좀 침해를 당했던 정도는 감수할 수 있지 않느냐는 식의 논리이다.

그런데 윤석열 정부를 일컫는 별명이기도 한, 요즘의 소위 '검찰독재'는 경제성장은커녕, 뭐 하나 잘하는 것 없이 사회, 경제, 정치 모든 분야에서 후퇴를 거듭하고 있다. 게다가 국민들을 편가르기 해서 심각하게 분열시키는 결과까지 낳고 있어 어떤 때는 정말 불가사의하다는 느낌마저 들 정도다.

코로나19가 한창 맹위를 떨치고 있던 2021년 5월 IMF는 한 보고서를 통해, "대한민국은 건실한 기초 경제 요건과 결단력 있는 정책 대응으로 코로나19로 인한 충격을 효과적으로 완화시켰다"고 밝혔다.

폭넓은 검사, 데이터 집약적인 접촉자 추적 그리고 각 사례의 심각성 별로 치료 방법을 적용한 효과적인 억제 전략으로 이웃 국가들보다 낮은 코로나 감염률을 유지했으며, 타격을 입은 근로자 및 사업체에 대한 재정 지원, 금융 시장의 신속한 안정화 조치 및 충분한 신용 제공 가능성을 보장하는 포괄적인 경제 대응책을 펼침으로써, G20 경제 선진국 중에서 2020년 GDP 실제 성장률 -1.0%라는 가장 적은 하락세를 기록하는데 기여했다는 것이다.(※출처: https://www.imf.org/ko/News/Articles/2021/04/29/na042921-mountains-after-mountains-korea-is-containing-covid-19-and-looking-ahead)

그런데, 윤석열 정부가 들어선 지 1년 반이 지난 요즈음 한국경제는 좀체 먹구름을 벗어나지 못하고 있다. 고물가는 계속되고 있는 반면, 성장률 전망 수치를 하향 조정하는 일이 반복되고 있다. 물론 우크라이나전쟁 등 예상치 않은 악재와 변수들이 세계 경제 전체에 걸쳐 악영향을 주고 있지만, 다른 OECD 국가들에 비해 한국의 경제성장 전망이 유독 낮은 것은 사실이다.

사회통합 분야는 거의 낙제점이라고 봐도 될 것이다. 노동계와는 거의 대화가 불가능할 정도로 관계가 악화일로를 걷고 있으며, 언론자유 역시 심각하게 위협을 받고 있다.

급격한 기술적, 환경적, 세계정세 변화가 일어나는 가운데 한국 사회의 계층 격차, 기후 위기, 인구고령화 등과 같이 긴급하고도 중대한 문제들에 대해 국민적인 논의와 합의를 이끌어내 미래의 정책적 비전을 제시해야 함에도 불구하고, 계속해서 바닥을 치고 있는 지지율로는 시도조차 할 수 없는 어림없는 일이 되고 있다.

외교 분야는 또 어떠한가. 민족이 공멸할 수도 있는 핵 위협을 막고 한반도를 평화의 땅으로 만들고자 노력했던 전임 대통령들의 노력을 이어가는 대신, 한-미-일 삼각동맹에만 치우치고 있어 우려의 목소리들이 높아지고 있다.

국민 우습게 아는 검찰독재, 해머 다시 들고 나설 각오

어디를 둘러봐도 답답한 이 상황이 더욱 우려스러운 것은, 국민의 손으로 선출되거나 민주주의적으로 견제되지 않는 사법 권력이 점점 그 영향력을 넓히고 있다는 점이다. 소위 '검찰독재'를 이대로 놔둔다면, 실로 민주주의의 위기가 가까이 오는 것을 막을 수 없을지도 모른다.

의회민주주의가 무너지는 것을 막기 위해 남의 눈치 보지 않고 '해머'를 들었던 나 문학진이다. 검찰독재를 막기 위해 필요하다면 나는 다시 해머를 들고 앞장서 나설 각오가 되어 있다.

50여 년에 걸친 우리 사회와 역사의 진보를 한순간에 부정당하는 듯한 분한 느낌 때문에 "요즘 잠을 잘 못 이룬다"고 말하긴 했으나, 나는 분명히 말할 수 있다. 어떤 사상가의 말처럼 역사는 반복되지만, 한번은 비극으로 또 한번은 희극으로 끝난다는 것을.

나는 역사의 진보를 믿는다. 더 정확하게 말하자면 50년간 우리 국민들이 이룩한 진보를 믿는다. 피와 땀을 흘려 지금까지 쌓아왔는데, 도대체 그게 간다면 어디로 가겠는가?

내가 존경하는 인물 중 한 분인 고 김준엽 전 고려대 총장은 평소 이렇게 말했다.

"현실에 살지 말고 역사에 살아라.
역사의 신을 믿으라.
정의와 선과 진리는 반드시 승리한다."

거꾸로 가는 윤석열 정부

윤석열 정부가 들어선 후, 이 나라의 시계가 거꾸로 가다 못해 마치 50년 전으로 후퇴한 기분이 든다.
시계가 거꾸로 돌아가나?
벌떡!!
내가 타임머신을 타고 과거로 돌아갔나?

육사 독립투사 흉상 철거!
대통령 처가 비리!
타임머신이 아니라 '현실'이구나!
핵 오염수 찬성!

더군다나 윤석열 정부가 들어선 지 1년 만에 국정운영에도 먹구름이!!
사회통합 0점
노동문제 0점
언론 자유 0점
국가경제 0점
모든 시험이 0점!

누군가 다시 '함마'를 들어야만 한다면...
헉!
나를 부르는구만!

윤 정부의 '외교 무지', 일본을 어찌할까?

지난 8월 24일 일본 정부는 주변국들과 자국 어민들의 우려와 반대에도 불구하고 후쿠시마 제1원전에 보관 중인 핵 오염수의 바다 방류를 강행했다.

이번 방류에 대해 일본 총리인 기시다 후미오는 "국제원자력기구(IAEA)의 과학적 근거에 기초한 대응에 폭넓은 지역·국가로부터 이해와 지지 표명이 이뤄져 국제 사회의 정확한 이해가 확실히 확산하고 있다고 생각한다"고 사실과는 전혀 다른 주장을 펼쳤다.

핵 오염수 방류, 자국민조차 반대 여론

지난 2011년 동일본대지진으로 발생한 사고로 녹아내린 후쿠시마 원전에서는 사고 당시 녹아내린 핵연료를 식히기 위해 엄청난 양의 냉각수를 퍼부은 바 있다. 이렇게 해서 만들어진 것이 소위 '핵 오염수'인데, 알려진 바에 따르면 현재 무려 132만 톤의 핵 오염수를 보관 중이라고 한다.

핵 오염수는 원자로에서 발생한 다양한 방사성 물질을 담고 있어서 그대로 외부로 노출이나 유출될 경우 상상할 수 없는 핵 재앙을 가져오게 된다. 결코 되돌릴 수 없는 일이 벌어지게 되는 것이다.

문제는 지하수와 빗물 등이 계속 유입되고 있어서 지금도 핵 오염수가 증가하고 있는 중이라는 점이다. 그래서 지난 8월 24일 시작된 방류가 언제 끝날지 누구도 정확히 알 수 없다. 앞으로 30년 이상 오염수 바다 방류가 지속될 것이라는 점은 분명하다.

일본 정부는 다핵종제거설비(ALPS·알프스)가 있어서 62종의 방사성 물질을 기준치 이하로 걸러낼 수 있다고 주장하지만, 제대로 걸러내지 못할 경우 발생할 결과를 감당할 수 없게 된다는 심각한 문제가 있다. 또한 아직 알려지지 않은 물질도 있을 수 있는데다가, 특히 삼중수소(트리튬)는 이 장비로도 걸러지지 않는다는 관련 전문가들의 지적이 있자, 아예 바닷물로 희석해서 방류하겠다는 꼼수를 내놓기도 했다.

관련 전문가들은 핵 오염수를 외부 자연환경과 차단시킬 수 있는 다른 방법이 분명 가능하다고 하는데도, 일본 정부는 그런 전문가들과 기술적인 협의를 하는 대신, 정책적이나 비용적으로 손쉬운 해양 방류라는 편법을 택한 것이다.

일본의 전국어업협동조합연합회, 후쿠시마현 어업협동조합연합회 등이 정부 조치에 반대하는 입장으로 나섰고, 일본 NHK방송이 실시한 여론조사에서도 오염수 바다 방류에 찬

성한다는 응답이 전 국민의 35%밖에 안 되는 등 일본 정부의 입장과는 달리 자국민들은 반대하거나 불안한 생각을 떨치지 못하고 있는 형편이다.

무책임한 방관 넘어, 적극적으로 일본 편을 들다

문제는 지난 8월 한미일 정상회담이 끝나자마자 일본 정부가 속전속결로 방류를 밀어붙인 것에 대해 윤석열 대통령과 한국 정부는 무책임한 방관으로 일관하는 자세를 보였다는 점이다.

한일 정상회의가 있던 7월, 한국 정부는 일본 정부에 방류 점검을 위한 한국 전문가의 후쿠시마 원전 상주를 요구하긴 했으나, 결국 한국 전문가가 정기적으로 현장 방문하는 정도로 합의하는 모습을 보였다.

방류 직후인 30일, 이관섭 대통령실 국정기획수석은 핵 오염수 방류를 두고 "(국제기구에) 제소한다는 것은 사실적 관계에서만 봐도 대단히 이상한 웃음거리가 될 수 있다"고 말하면서, "일본 오염수 배출이 거의 우리나라에 안전하다고 믿고 있다"고 말했다.

이 정도면 방관하다 못해 오히려 일본 정부의 편을 드는 것이 아니냐는 의문까지 들 정도이다. 밝혀진 바에 따르면, 지난 7월 '후쿠시마 오염수 방류해도 우리나라에 위험하지 않다'는 내용의 유튜브 홍보 영상 제작도 대통령실이 대통령실 예산으로 직접 주도한 것으로 알려졌다.

일부 여당 정치인들은 한술 더 떠서, 박대출 국민의힘 정책위원장 같은 경우는 오염수 방류를 반대하는 여론에 대해 "길거리 조폭보다 더 나쁜 가짜뉴스 집단"이라고 공격을 가하기까지 했다.

도대체 왜 피해를 보게 되는 이웃나라 정부(한국)가 일을 벌인 나라 정부(일본)를 도리어 눈감아주는 어처구니없는 일이 벌어지고 있는 것일까. 더구나 국제원자력기구(IAEA)를 비롯하여 강대국 미국은 일본의 이런 조치들을 모른 체 팔짱만 끼고 있을까.

과학자들을 비롯한 전문가들의 입장은 서로 다를 수 있다. 그러나 그 결론이 전 국민, 더 나아가 이웃 국민들과 전 세계인들의 삶에 지대한 영향을 끼질 사안이라면 당연히 절차적으로 충분한 과학적 기술적 숙의와 이해관계의 조정이 반드시 필요한 부분이었는데도, 이번 건은 너무나 일방적으로 진행되었다. 그렇다면 이 사건의 이면에는 어떤 정치적인 배경과 이유들이 있을까.

악수하고 폭탄주 몇 잔으로 관계개선은 착각

얼마 전 눈길을 끌었던 싱하이밍 주한 중국 대사의 말처럼, 한국-중국-일본은 서로 "이사 갈 수 없는 이웃"들이다.

싫든 좋든 서로 이웃하고 있는 지리적 조건 때문에, 오랜 역사 속에서 정치 외교 사회 문화적으로 서로 교류와 반목, 혹은 대결을 거듭해온 사이이다.

오랜 기간 형성된 역사의 골이 있어서 형제의 나라 같은 느낌이 들기는 힘들겠지만, 갈등을 줄이고 서로 동반하여 협력하는 미래를 위해 어떤 형태로든 관계개선을 늘 모색해야 하는 사이일 것이다.

그러나 그렇다고 해서 국가적 차원의 전략과 계획, 국민적 합의 등이 없이 몇몇 정치인의 외교기술로만 방향과 입장을 정할 수 있는 문제는 아니다. 그러다 보면 타국의 강요나 국제정세 분위기에 휩쓸리기 쉬울 것이다.

우리가 잘 알고 있듯이 현재의 일본 정부는 우익, 특히 일본의 재무장을 추구하는 소위 '정상국가화'를 목적으로 하는 집단의 지지를 바탕으로 하고 있다.

일본이 과거에 저지른 제국주의적 오류와 식민지화했던 조선 및 국제 사회에 저지른 만행들에 대한 반성 없이 재무장만을 원하는 그들인데, 악수하고 폭탄주 몇 잔 나눠 마시면 관계개선이 이루어질 것처럼 착각하는 윤석열 정부의 태도가 심히 우려스럽다.

그러다 보니 일각에서는 우리 대통령실과 정부 곳곳에 신자유주의적인 역사관을 갖고 있는 소위 뉴라이트들이 스며들지 않았나 하는 소문까지 돌고 있고, 친일적 성향을 가진 외교정책들이 앞으로 지속될 가능성이 높다는 우려들을 하고 있다.

앞서 말한 독립전쟁 영웅들의 흉상을 이전하겠다는 육사의 결정이나 국가보훈부의 서훈 논란이 그 증거가 아니겠느냐는 것이다.

특정 진영 편중 외교, 국익에 전혀 도움 안 돼

국가적 차원의 전략과 계획, 국민적 합의 등에 근거해 외교정책을 입안하고 실행하는 것은 단지 일본에 대해서 뿐만이 아니다. 중국에 대해서도 그렇고, 심지어 '영원한 혈맹'인 미국이라고 해도 예외가 될 수 없을 것이다.

특히나 요즈음 미-중 패권 싸움이 각 분야에서 심각하게 벌어지고 있는 틈바구니 속에서 우리나라의 외교 정책은 치밀한 현실성을 확보해야 할 필요성이 더욱 커지고 있다.

당연한 말이지만 우리나라는 무역으로 먹고 사는 나라다. 무역으로 먹고 사는 나라가 어느 한 쪽 편을 쉽게 들어줄 수는 없지 않은가.

그런데 윤 정부는 미국을 중심으로 짜인 진영에 너무 쉽게 편중되는 모습을 보이다보니 중국의 불만을 촉발시키고 있는 듯하다.

또한 미국이 요구하는 일본과의 화해 압력에 너무 쉽게 굴복하여, 이번 핵 오염수 방류 사건과 같은 심각한 사안에도 일방적으로 끌려다니는 일들이 되풀이되고 있다.

중요한 것은 한반도의 비핵화와 평화

사실 우리가 간과하고 있는 큰 변수가 하나 있다. 그것은 같은 민족인 북한이다.

아시다시피 나는 한국전쟁이 끝나자마자 태어난 실향민의 자식이다. 내 아버지는 북한 대신 남한 사회를 선택하여 월남하셨지만, 그 후손들이야 통일에 대한 비전을 품고 현실적인 관계 회복을 모색해야 하는 것은 당연한 일이다.

우리에게는 미-일-중과의 관계만 존재하는 것이 아니다. 비록 북한이 봉건왕조와 같은 후진적인 정치체제로 후퇴하고

있다거나, 미국을 비롯한 서방 국가들과 대적하는 폐쇄적인 성격이 강하다고 해도 여전히 우리 민족이라는 특수성이 있다.

그렇기에 북한과 어떻게든 관계개선을 모색하여 한반도의 평화, 비핵화를 위해 같이 움직여 나갈 명분과 이유가 있는 것이다.

그렇게 될 때 강대국 중심의 동북아 정세의 틀에서 외부 변수에만 휩쓸리지 않는 강력한 카드를 손에 쥘 수 있지 않을까.

위임받은 권력, 현명하게 사용할 능력 보여줘야

그런데 역시 한숨이 나오는 것은 현 정부의 외교적 역량과 수준이다. 어떻게 공무원들은 전 정부와 같은데 정부의 수장과 대통령실이 바뀌었다고 그 수준이 바뀔 수 있는지 도무지 이해하기가 힘들다.

얼마 전 대통령실 의전비서관이 자녀의 학폭 문제로 자진 사퇴하는 일이 벌어졌다. 자녀가 부모 맘대로 자랄 수는 없는 노릇이니 그 사안만 보면 개인 가정사의 문제로 치부할 수 있을 것이지만, 문제는 해당 의전비서관의 경력이 이 건을 계기로 문제로 불거졌다는 것이다.

의전비서관은 별정직으로 분류되어 있어서, 물론 공무원이 아닌 민간 영역에서도 임명할 수 있다. 그러나 업무의 특성상 외교 의전을 담당해야 하는 자리이다 보니 전문적인 외교관 경험이 없이 수행하기가 어려운 것이 일반적이다. 그런데 이 비서관은 쉽게 말해 '이벤트 회사 업체'의 대표이다. 당연히 어떻게 이런 사람에게 국가 의전을 맡겼느냐는 논란이 이는 가운데, 그 비서관이 대통령 부인인 김건희 여사와 대학원 최고위 과정을 함께 한 인연으로 지난 대선 때 윤석열 후보 캠프에 합류해 의전비서관까지 올라갔고, 김건희 여사의 비선 실세로 알려진 인물이라는 얘기가 흘러나오고 있다.

20세기에나 가능했던 '진영외교' 같은 수준 낮은 일차원적인 외교만 펼치는 것도 모자라, 인사에 정실이 개입되어 '외교

무지'에까지 이르렀다는 비아냥거림이 들리는 지금의 윤석열 정부이다.

우리는 아이들이 귀중품이나 위험한 물건을 손을 대면 함부로 만지지 않도록 조치를 취하게 된다.

권력도 마찬가지이지 않을까? 그 누구든 국민이 권력을 위임했으면, 그 권력을 제대로 사용하여 국민의 복리와 안녕, 행복을 증진시켜야 할 의무가 있다. 이를 부정하게 사용하거나 제대로 사용할 능력이 없으면 어떻게 할 것인가?

윤 정부의 외교 무지

양국 국민들의 반대에도 불구하고 핵오염수 방류에 눈감고 폭탄주를 나눠 마시는 무책임한 대통령...

마셔, 마셔!

핵 폭탄주?

민주당부터 변화해야 한다

나는 민주당 당적을 얻은 후 단 한 번도 당을 옮겨 본적이 없는 골수 민주당원이다.

그만큼 당에 대한 애정이 깊다. 하지만 요즘 우리 당을 보면서 우려스러운 게 한두 가지가 아니다.

더불어민주당 강령 전문엔 다음과 같은 구절이 나온다.

> "서민과 중산층의 이해를 대변하고, 모든 사람이 차별받지 않고 동등한 권리를 보장받을 수 있도록 노력한다."

이것이 지난 68년의 역사를 자랑하는 민주당의 존재 이유이고, 앞으로도 변함없이 추구해야 할 가치라 생각한다.

압도적 의석 확보! 그런데 뭘 해놓았나?

그런데, 지금 우리 민주당이 이러한 가치에 충실하게 그 역할을 제대로 하고 있는지에 대해서는 물음표를 던질 수밖에 없다.

지난 2020년 21대 총선에서 민주당(163석)은 국민들의 압도적 지지에 힘입어 같은 형제정당인 더불어시민당(17석), 열린민주당(3석)과 합쳐 무려 183석이라는, '단독으로 개헌도 가능한' 의석을 획득하는 쾌거를 거둔 바 있다.

박근혜 전 대통령이 소위 '최순실 게이트'로 인해 헌법재판소로부터 파면 결정을 받은 후 치러진 2017년 19대 대선에서 문재인 대통령이 당선되고, 그 다음 해인 2018년에 치러진 제7회 전국동시지방선거에서도 압승을 거두었으니, 민주당은 중앙·지방권력에 이어 의회권력까지 얻음으로써 개혁을 주도할 수 있는 동력을 '넘치도록' 확보한 셈이었다.

나는 당시 21대 총선 불출마를 선언한 후 대학 후배에게 지역구를 양보하고 야인으로 살고 있었지만, 민주당이 과연 국민들이 이뤄낸 '촛불혁명'의 성과를 얼마나 지켜내고 계승할지 정말 설레는 마음으로 많은 기대를 가지고 지켜보았다.

하지만 결론부터 얘기하자면, 그 정도로 중앙·지방권력과 의회에서 압도적 의석을 확보한 문재인 정부와 민주당이 해놓은 일이 잘 보이지 않는다.

'실책'에 대한 '반성'이 절실하다

'국민들이 왜 절대적 힘을 우리 민주당에게 몰아줬을까?'에 대한 진지한 고민과 성찰이 있었다면 더 많은 성과를 내지 않았을까 하는 깊은 아쉬움이 있다.

문재인 대통령은 퇴임사에서 스스로 문재인 정부의 치적을 다음과 같이 밝힌 바가 있다.

1. 국정농단 사태 이후 민주주의 회복
2. 평창 올림픽을 '평화 올림픽'으로 만들면서, 한반도 전쟁 위기 국면을 대화와 외교의 국면으로 전환
3. 일본의 부당한 수출규제에 맞서 소·부·장(소재·부품·장비) 경쟁력 강화
4. 코로나 방역 모범 국가

5. 한류 문화의 세계적 영향력 상승, 다양한 분야에서 대한민국의 국가적 위상 제고
6. 총괄적으로 2차 세계대전 이후 세계에서 가장 성공한 나라, 개발도상국에서 선진국으로 진입한 유일한 나라

솔직히 위에서 열거한 문재인 정부의 치적이 왜 나의 마음에 척하니 다가오지 않는지 모르겠다. 몇 가지는 너무나 당연한 것이고, 나머지는 그 전부터 준비되어 온 것들이 꽃피운 시기가 때마침 문재인 정부 때일 뿐이지 않은가?

오히려 나는 문재인 정부, 그리고 민주당이 집권 시기 드러냈던 실책을 얘기하고 반성하는 것이 우선이라고 생각하는 사람이다.

물론 미래를 주로 얘기할 수밖에 없는 정치권의 특성상 그런 얘기를 나누기가 쉽지는 않을 것이다. 또한 뼈아픈 얘기가 될 수 있으니 서로 꺼리는 주제가 될 것은 뻔하다.

하지만 반성이 선행되지 않는 한, 미래 또한 더 이상 없을 것이라는 게 나의 솔직한 심정이다.

대통령이 임명한 이들이 오히려 정책 추진 가로막아

촛불혁명의 토대 위에 집권한 문재인 정부는 많은 기대를 한몸에 받았다. 국민들은 새 정부에 열광에 가까운 지지를 보여주며, 새로운 시대에 대한 희망을 노래했다.

정부 주요 요직은 새로운 사람들로 채워지고, 권위주의에 눌려 있던 정부조직은 소통과 자율을 회복하며, 서서히 민주 정부의 모습을 되찾기 시작했다.

하지만 '민주주의 회복'이라는 성과를 냈던 문재인 정부는 결정적인 두 가지 실책을 범했다고 나는 평가하고 싶다. 하나는 '인사 실패'이고 다른 하나는 '대선 패배'이다. 그리고 이 둘은 원인과 결과라고도 할 수 있다.

다들 공감하겠지만, 대표적 인사 실패는 윤석열 전 검찰총장이고, 그 다음이 최재형 전 감사원장이다. 보통 권력교체가 이뤄지면 속칭 4대 사정기관(감사원, 검찰청, 국세청, 경찰청)의 장에는 새로운 정부의 국정철학과 방향을 잘 이해할 수 있는 인사들을 임명하기 마련이다

그런데 문재인 정부는 초대 검찰총장인 문무일에 이어, '검찰 지상주의자' 윤석열을 검찰총장에 임명하는 최악의 인사를 단행했다. 또한 평생을 보수주의자로서 판사 생활만 했던 최재형을 감사원장에 앉히는 악수까지 두었다.

그 결과 국민들이 그토록 갈망하던 검찰개혁은 물 건너가게 되고, 문재인 정부가 추진하는 각종 정책들이 감사원의 견제를 받는 어이없는 상황들이 발생하게 되었다.

인사 실패, 대선 패배로 이어지다

그후 벌어진 일들은 굳이 언급하지 않아도 모두가 아는 내

용이다. 문재인 정부의 검찰총장이라던 윤석열은 반대 정당인 국민의힘의 대통령 후보가 되어 대한민국 20대 대통령이 되었고, 문재인 정부의 감사원장 최재형 또한 국민의힘에 입당하여 국회의원이 되는 세기의 코미디를 연출하였다.

나도 제법 오랫동안 정치에 몸담았지만, 대통령이 임명한 4대 권력기관 장의 절반이나 되는 2명이 상대 정당에 입당하는 사례를 생전 처음 지켜보았다.

20대 대통령선거 후보가 민주당의 이재명과 국민의힘 윤석열로 정해지면서, 나는 당시 재직 중이던 경기평택항만공사 사장을 그만두고 민주당 선거대책위원회에 합류했다. 내가 선대위에서 맡은 역할은 '민주당 대선후보 이재명 직속 정무특보단장'이었다.

당시 나는 전국을 두 차례 순회하면서 수많은 당원 동지들과 시민들을 만나 이재명 후보의 당선이 왜 필요한지를 역설하였다. 얼마나 전력을 다했던지, 우리당 서울시장 후보였던 박영선 전 장관이 "자기 선거보다 더 열심히 한다"고 농담을 건넬 정도였다.

그런데 선거가 한참 진행 중일 때 이상한 소문들이 들려왔다. 민주당 선대위와 청와대 사이에 이견이 있다는 것이었다. 소문의 요지는 우리당 대선후보의 요청사항을 청와대가 잘 수용하지 않으며, 임기 말 대통령의 40%대 지지율 유지에 더 집착한다는 것이었다.

소문이 팩트인지 알 수는 없는 노릇이다. 하지만 드러난 결과는 문재인 정부는 40%대 지지율로 임기를 마치게 되었고, 대선에서는 패배해 정권 재창출에 실패한 정부로 남게 됐다. '성공한 대통령'과 '정권 재창출에 실패한 대통령', 둘 사이는 서로 비교할 수 없는 일이지 않을까.

도덕성 기준은 서민 눈높이에 맞아야

앞에서도 언급했지만, 민주당은 서민과 중산층을 대변하는 정당이다. 한마디로 서민정당인 것이다. 따라서 우리의 눈높이도 서민과 중산층에 맞춰야 하며, 우리의 정책도 그들의 요구를 반영하는 것이 당연하다.

민주당의 도덕성 수준 또한 서민대중이 원하는 상식적인 선을 지켜야 한다. 하지만 우리 당에서 간혹 발생하는 사고(?)들을 바라보면 착잡함을 금할 수 없다. 책임 있는 사람들의 성추행 파문, 불법 땅 투기, 로비를 전제로 한 금품수수, 전당대회에서 뿌려진 돈 봉투, 소박하다 믿었던 젊은 정치인의 억대 코인 투자 등.

국회의원도 사람이다 보니, 각종 사건 사고에 휘말릴 수 있다. 불미스러운 일은 발생하지 않는 것이 제일 좋겠으나, 일단 사건이 발생했다면 정당으로서는 문제가 된 일을 해결하고 대처하는 모습이 더 중요하다. 하지만 우리 민주당이 그간 보여준 대처 방법은 개운치 않은 게 많다.

우리 자신에게 엄격하지 않으면서 어떻게 남의 잘못을 지적한단 말인가? 당내에 퍼져있는 온정주의, 잘못된 동료의식 등은 서민대중 정당으로서 민주당의 입지를 갉아 먹히게 만든다. 과감하게 정리해야 할 사람들에게 출구를 열어줌으로써 오히려 국민에게 외면받는 처지에 놓인 경우가 여러 번이다. 오로지 국민을 보고 가야할 길을, '동료'라는 의식에 얽매인 잘못된 온정주의에 젖어 당을 망치고 있는 것이다.

국민을 상대로 청렴성 여론조사를 하면, 국회의원이 매번 하위 점수를 받는 게 오늘날의 현실이다. 어쩌다 국민의 대표가 국민으로부터 불신을 받게 되었단 말인가? 국회의원은 진정 국민의 대표로서 청렴함과 도덕성을 지녀야 한다. 물질적 이익을 좇으려면 사업을 해야지 정치를 해서는 안 된다는 것이 내 신념이다.

이 땅의 모든 정치인들이여, 국민들로부터 손가락질받을 일만큼은 제발 하지 말자.

오락가락하지 않는 과감한 리더십이 필요하다

21대 국회 임기가 얼마 남지 않았다. 유감스럽게도 내 기억에는 21대 국회의 성과가 보이지 않는다. 국민의 대표로 위임받아 4년이라는 긴 시간 동안 의정활동을 펼쳤을 것인데, 왜 우리 기억 속엔 아무것도 남는 게 없단 말인가?

지난 시절을 돌아보면 민주당은 집권했던 시기마다 서민대중을 위해 끊임없는 개혁정책을 추진해 왔다. 다수당일 때는 물론, 소수당일 때도 우리는 온몸을 던져 왔다고 자부한다.

물론 성과가 미미했던 부분도 있었다. 상대 당의 반대는 기본이고, 우리 내부에서조차 통일된 의견을 만들어내지 못한 경우도 많았다. 그래도 서민대중을 위한 개혁은, 민주당이 결코 내릴 수 없는 깃발이다.

나는 민주당의 지도부에 요구하고자 한다. 좀 더 과감해질 것을, 개혁 앞에서 주저하지 말고 행동하고 전진할 것을. 그럴 때 비로소 국민은 우리 손을 잡아 줄 것이라 믿는다. 평가는 국민과 역사에 맡기고 "무소의 뿔처럼" 묵묵히 우리에게 주어진 길을 흔들림없이 가야 한다. 그게 바로 민주당인 것이다.

민주당부터 변화해야

나는 민주당 당적을 얻은 후 한 번도
당을 옮겨 본 적이 없다!
나, 문학진!
골수 민주당원!

하지만 요즘 민주당을 보면서 우려스러운 점이
있다. 압도적인 의석 확보에 반해 그 동안 과연
어떤 성과를 내놓았는가?
180석!
민주당

반성이 선행되지 않는 한, 미래는 없다!
성추행 파문
일단 닥치고 반성부터…
금품수수 사건
전당대회 돈봉투
코인투자 사건…

개혁 앞에 주저없이 전진하는 민주당이 되어야
국민들이 기꺼이 손을 잡아줄 것이다!
무소의 뿔처럼 당당히 가라!

꽉 막힌 정치, 확 뚫어버립시다!

요즘 세상이 변화하는 속도는 따라잡기 힘들 정도여서, 좀 과장섞어 말하면 강산이 변하는데 10년이 아니라 매년 바뀐다고 할 수 있을 정도이다.

세상은 그렇게 변화하는데도 거의 변하지 않는 영역이 하나 있다. 바로 정치권이 그렇다. 변하지 않는 정도가 아니라 꽉 막혀 있다고 하면 너무 심한 말일까.

내가 정치에 몸을 담은 지 30년이 되어 간다. 그런데 어쩌면 그렇게도 정치를 처음 시작할 때나 지금이나 우리나라 정치의 구도는 큰 변화를 찾아보기 힘들다. 오히려 거대 양당 중심의 정치가 더욱 고착화되어 가는 것 같다.

변하는 세상, 변하지 않는 정치

한동안 원외에서 야인 생활을 하면서, 국회의원으로 정치를 하던 때와는 다른 자리에서 우리 정치를 볼 수 있게 되었다. 분명히 제도적 민주주의는 이루어졌는데, 뭔가 막힌 하수구처럼 민주주의가 활력있게 흘러가지 않는 느낌이 들 때가 많았다.

대선, 총선, 지방선거 등 선거가 있을 때마다 느끼게 되는 것은, 새로운 목소리를 내기가 힘들다는 것이다. 오히려 상대편이 잘못하고 있으니 나를 선택해 달라는 식의 구도로 정치지형이 그려지고 있으며, 그에 따라 정치에 대해 큰 기대를 걸지 않는 무관심층도 늘어가고 있는 것이 현실이다.

나는 이것이 민주주의를 쟁취하기 위한 투쟁에 모든 것을 걸었던 지난 시절의 패러다임을, 새로운 시대가 요구하는 방향으로 건설적으로 변화시키지 않은 때문이라고 생각한다.

민주주의가 활력을 잃고 있다

이승만 독재와 박정희 독재, 전두환·노태우 신군부에 의한 독재에 이르기까지 민주주의가 채 뿌리를 내리기 전에 독재로 점철되었던 우리 현대사였기에, 강고한 독재권력에 맞서 싸우고, 민주주의 정치를 세워나갈 수 있도록 민주당을 비롯한 야권에 힘을 실어주는 것이 중요했다.

그러한 민주주의에 대한 국민적 염원이 결국 승리하여 독재를 물리치고, 제도적 민주주의 질서가 확립된 것이 1987년 6공화국 헌법체제이다.

지금까지 계속 이어지고 있는 이 체제의 역사적인 의미는, 이 땅에 더 이상 독재체제가 들어설 수 없게 국민의 의사를 직

접 대변하도록 한, 기나긴 민주화 투쟁의 산물이라는 점에서 참으로 뜻깊다.

하지만 어떤 체제든 언제나 모든 면에서 완벽할 수는 없다. 시대의 흐름에 맞게 변화할 필요가 있으며, 운영 경험에서 나온 결과를 반영하여 미비한 점을 보완할 필요가 분명히 있을 것이다. 필요하다면 개헌 논의도 가능하다고 본다.

변화가 없다면 오히려 의심해보아야 한다. 이것이 또다른 의미의 체제 고착화로 흘러가는 것은 아닌지 말이다.

다양한 목소리가 제도권 안에 울려야

나는 우리 사회 민주주의의 성장과 발전에 가장 시급한 과제 중 하나가 다양한 정치적 목소리가 들리게 하는 것이라고 생각한다. 그저 단순히 '재야'에서 외치는 소리가 아니라, 제도권 내에서 그 자리를 일정 정도 마련해 주어야 한다.

그래야 기존 거대 정당들이 새로운 자극을 받을 수 있을 것이고, 상대방의 잘못에 기대는 선거판이 아니라 새로운 정책과 새로운 비전으로 서로 경쟁하는 선순환의 정치로 나아갈 수 있을 것이라 생각한다.

최근 화제가 되고 있는 선거법개정 논의도 이런 맥락에서 볼 때 절대 과거로 회귀해서는 안된다는 것이 나의 입장이다. 지금의 선거제도에서 그나마 소수 정당들이 원내로 진출할 수 있는 가능성을 조금이라도 열어둔 것이, 지금의 (준)연동형 비례대표제이다.

이것을 거대 정당들에게 유리한 병립형으로 가자는 국민의힘의 주장은 지금 꽉 막힌 우리 정치를 더 꽉 막히게 할 뿐이다. 오히려 완전한 연동형 비례대표제로 방향을 잡는 것이 바람직하다고 본다.

비례대표, 결선투표, 4년 중임제 등 새로운 논의 필요

일각에서 논의되고 있는 대통령선거 결선투표제에도 나는

관심이 많다. 87년 직선제 개헌이 이루어진 이후로 거의 대부분의 대선에서 후보단일화 논의가 빠진 적이 없다.

그런데 과거처럼 독재정권의 집권 혹은 연장을 막는 목적이라면 후보단일화 논의가 긍정적일 수 있으나, 오늘날 우리 사회에서는 자칫 정치의 다양성을 가로 막는 장애물이 될 가능성이 있다.

결선투표제를 채택한다면 각 후보들은 진보-보수의 이분법적 진영 구도의 눈치를 보지 않고, 최소한 1라운드에서는 끝까지 완주하며 자신의 비전과 정책을 놓고 경쟁하여 스스로의 정치적 입지를 키울 기회와 명분을 얻을 수 있게 된다.

대통령 5년 단임제 대신 4년 중임제를 채택하자는 목소리들도 있다. 이 역시 수십 년간의 체제 운영 경험에서 미비한 점들을 보완하자는 취지에서 의미있게 들어볼 필요가 있는 주장들일 터이다.

정치의 선진화, 다양화, 전문화 – 거부할 수 없는 흐름

이같은 사례들은 그야말로 일례일 뿐이다. 그 외에도 우리 정치가 선진화되고 활력을 찾아야 해결 가능한 주제와 이슈들은 더 많이 있다.

내가 정치를 시작한 90년대에는 기후변화 문제가 이처럼 전 지구적으로 경제, 산업, 외교, 사회, 문화 다방면에 긴박하게 영향을 미치리라고는 예상하지 못했다. 이제 기후변화 문제는 정부와 정치권은 물론 모든 사회구성원들이 해결 및 대응 방안을 내놓고 합심해야 할 이슈가 됐다.

국제정세의 변화에 따른 국가안보 역시 마찬가지이다. 미-중의 거대 2강을 중심으로 재편되는 국제질서에서 어떤 입장을 취하고 행보를 가져가느냐는 아주 민감하고도 중차대한 문제이다. 섣불리 무게중심을 이동하기도 쉽지 않고, 더구나 우리에게는 북한이라는 거대한 변수가 자리잡고 있다.

이런 변화의 소용돌이가 가속화될 것으로 예상되는 앞으로의 세상에서 정치의 선진화, 다양화, 전문화는 거부할 수 없는 흐름이 될 것이다.

한국전쟁이 끝나자마자 태어난 나는, 20세기 후반의 정치적 격동기와 눈부신 변화의 21세기를 온몸으로 겪으며 살아왔다. 그럼에도 앞으로의 세상은 더 많은 변화와 위기, 그리고 기회가 있음을 확신한다.

부디 나의 일천한 경험과 지식이 지금의 꽉 막혀 보이는 정치에 배수구를 뚫어주는 역할을 감당해, 급박하게 변화하는 우리 사회의 발전과 성장에 기여할 수 있기를 감히 기대해 본다.

꽉 막힌 정치

새로운 목소리를 내기는 힘들어지고, 상대편이 잘못하니 나를 선택하라는 구도만 그려지고 있다.

저리 가!

아얏!

지금은 정치의 선진화, 다양화, 전문화를 거부할 수 없는 세상이다. '기후위기' 문제 처럼 지금은 싸울 때가 아니라 합심하여 해결 방안을 찾아야 할 때이다.

'고문 기술자' 이근안의 덜미를 잡다

한겨레신문 2018-06-04 16:30 수정 2018-07-06 14:39

[창간 30년, 한겨레 보도-1]

1988년 이근안 실명과 얼굴을 공개하기까지의 뒷이야기

김근태씨 족친 '이름 모를 전기고문 기술자'

경기도경 공안실장 이근안씨

김씨 6개월추적… 이재오씨등 3명도 확인

이근안씨 "김씨 사건에 관여 안했다"

김근태(42)씨를 고문한 '성명 불상'의 '전기고문 기술자'는 경기도경 공안분실장 이근안(50) 경감이라는 사실이 이씨로부터 고문을 받은 김씨는 물론 이재오(43·서울민중연합 의장), 이선근(35·전노련사건 관련), 박문식(30··)씨 등에 의해 확인됐다.

김씨는 지난 6월30일 특별가석방으로 풀려난 뒤 85년 9월 남영동 소재 치안본부 대공분실에서 6차례에 걸쳐 자신을 전기고문한 '이름 모를 전기고문 기술자'를 추적한 끝에 6개월여 만인 20일

명 불상자와 공동으로' 6차례에 걸쳐 전기고문을 자행한 것으로 돼 있다.

김씨는 "전기고문을 전담한 자가 엄연히 따로 있어 검찰이 밝혀줄 것을 요구했으나 검찰은 수사를 하지 않았고 재판부는 검찰이 수사한 사항에 따라 결정했다"며 "빠른 시일내에 변호인단과의 상의를 거쳐 이 경감을 고소하겠다"고 밝혔다.

김씨 외에도 81년 전노련사건의 이선근씨와 박문식씨, 73년 반공법 위반 및 내란음모사건의 이재오씨도 이씨의 사진을 보고 "이 경감에게 전기고문은 물론

했다. 박문식씨는 "남영동에서 20여일간 고문을 당하는 동안 그는 항상 뒤박선 누빛이었고 90kg이 넘어 보이는 거구로 칠성판 위에 묶고는 깔고 앉아 목을 조르고 물고문, 전기고문, 발바닥 구타 등을 쉼없이 했다"고 말했다.

이에 대해 이근안 경감은 "85년 3월30일자로 치안본부에서 경기도경으로 발령이 났기 때문에 김근태씨 사건 수사에 참여한 적이 없다"면서 "79년 남민전사건과 81년 전노련사건 당시엔 연행돼 온 사건 관련자들을 감시하고 옆에서 심부름은 했으나 신문에

1988년 12월 21일 한겨레신문 1면 기사의 일부.

1988년 12월 19일 오후 6시, 서울 기독교회관 지하 다방에서 문학진 기자가 김근태와 마주 앉았다. 김근태의 부인 인재근도 동석했다. 민주화운동청년연합 의장이었던 김근태는 1985년 9월, 각종 시위의 배후 조종 혐의로 연행되어 구금당했다. 남영동 치안본부 대공분실에 끌려가 물고문과 전기고문을 당했는데, 이 사실을 아내 인재근에게 알렸다. 1985년

12월, 김근태의 변호인단이 고문 경찰들을 고발했다. 다만 이름을 알지 못해 고발장에 '이름 모를 전기고문 기술자'로 적었다. 고발 이후 3년이 지났어도 당국은 수사는커녕 미동도 하지 않고 있었다. 자연스레 대화가 고문 이야기로 번졌다.

"그 고문 기술자 이름을 아직도 모릅니까?"

문학진이 물었다.

"조금 알아내긴 했는데, 이근, 뭐라던데. 현재 경기도경 대공분실장이라는 이야기가 있고…. 확인해 본 건 아니야."

김근태가 말했다. 문학진의 귀가 번쩍 띄었다. 바로 경기도경 담당인 배경록 기자에게 전화를 걸어 확인을 부탁했다. "경기도경 대공분실장은 김 아무개고, 다만 공안분실장 이름이 이근안"이라고 배경록이 잠시 뒤 알려왔다.

문학진은 자신의 담당인 치안본부로 달려갔다. 경찰 인사파일을 구했다. 이근안의 거주지 등 인적 사항과 함께 희미한 사진 복사본이 있었다. 김근태를 찾아가 그 사진을 보여주었다. 김근태는 아무 말 없이 한참을 쳐다봤다.

"맞습니다. 바로 그자요."

문학진은 이근안에게 고문을 받은 다른 사람들에게도 거듭 확인을 받았다.

동대문서를 출입하던 김성걸 기자와 종로서를 출입하던 안영진 기자가 이근안 주소지의 동사무소로 뛰었다. 동사무소 직원이 내미는 주민등록대장에 이근안의 최근 모습이 담긴 증명사진이 있었다.

하루 반나절의 맹렬한 취재 끝에 1988년 12월 21일, '이름 모르는 고문 기술자 이근안' 기사가 한겨레 1면에 실렸다. 풍문으로만 떠돌던 고문 기술자의 이름과 사진이 세상에 처음으로 공개되었다. 보도 일주일 전 백남은, 김수현, 김영두, 최상남 등 김근태 고문사건 당시 치안본부 대공분실 소속 경찰

한겨레 보도 이후 서울 시내에 걸린 고문 경찰 이근안의 현상수배 대자보를 시민들이 보고 있다. 한겨레 자료사진.

간부 4명이 서울고등법원으로부터 유죄판결을 받을 때에도 신병조차 확보되지 않았던 '성명 미상자'의 얼굴을 공개한 특종이었다.

이후 이근안은 잠적했다. 그에게 고문당한 사람들의 제보와 고발이 이어졌다. 이근안은 1970년대 이래 치안본부에서 조사를 받아야 했던 거물급 민주화 운동가들이라면 누구나가 그 기억만으로도 치를 떠는 인물이었다. 일제시대로부터 전수되어 온 칠성판 고문, 고춧가루 고문, 통닭구이 고문에 덧붙여 자신만의 독자적인 기술인 관절빼기 고문, 전기고문까지 구사했다. 바로 그 고문의 잔혹성 때문에 집권세력 공안기관의 총애와 비호를 한몸에 받던 존재였다.

일상화된 반문명적 폭력 고문 ③

대처방안

가해자 엄벌, 국제규약 가입 등 시급

뿌리뽑기 위한 국민 공동노력 있어야

공권력에 의해 비밀스런 곳에서 자행되는 고문을 근절하기 위해 국민 전반에 걸쳐서 '고문 반대운동'이 전개되어야 한다는 주장이 나오고 있다.

지난 19일 서울 종로구 종로5가 기독교회관 대강당에서 '반고문·반폭력 인간선언대회'를 주관한 김동완 목사(한국기독교교회협의회 인권위원회 사무국장)는 "과거 부천서 성고문사건, 서울대생 박종철씨 고문치사사건처럼 충격적인 고문사건에 국민들이 거센 저항을 했다"면서 "그에 따라 오늘날 가해자의 일부가 법정에 서게 돼어 고문근절에 한발짝 다가선 셈"이라고 주장했다.

김 목사는 이어서 "수단·방법을 가리지 않고 돈을 버는 인신매매가 사회적 규탄의 대상이 되는 것과 마찬가지로 정권유지와 가해자의 진급을 위해 자행되는 고문 또한 끊임없는 사회적 지탄을 받아야 한다"면서 "이런 사회적 풍토가 이루어져야만 고문기술자는 고문을 할 수 없게 되고, 가해자는 반드시 처벌을 받게 돼 고문이 이 땅에서 완전히 사라지게 될 것"이라고 강조했다.

이와 관련 고려대 배종대 교수(형법)는 "고문, 특히 정치범에 대한 고문은 정치적 반대자에 대한 탄압수단일 뿐"이라면서 "정부당국이 고문 추방의지를 갖도록 하기 위해서라도 국민이 계속 관심을 기울여야 한다"고 밝혔다.

80년대 들어서 시작된 고문 추방운동은 최근 김근태씨 고문담당자가 고문기술자로 알려진 이근안 경감이었다는 사실이 밝혀지면서 한 차원 높아진 모습을 보여주고 있다.

고문추방은 국제적으로 유엔과 앰네스티 인터내셔널 등의 인권기구, 국내적으로 재야인권단체, 변협 등의 관심사항이었다. 이같은 국내외 단체의 활동 배경에는 인간의 존엄성을 보장하는 한 방법으로 고문추방에 인류 공동의 노력이 필요하다는 인식이 깔려 있다.

지난해 발표된 유엔인권위원회 보고서에 따르면 우리나라는 고문사례 조사대상국이 된 세계 34개국 중의 하나로 지목됐다.

고문은 육체적 고통으로 끝나는 것이 아니라 인간성의 파괴로까지 이어진다.

1975년 12월 유엔총회에서는 고문행위를 '인간 존엄성의 침해'로 규탄하고, "각국은 고문 혹은

정조사건 발동과 국회 인권특위 설치요구에 정부 차원의 특위 설치로 맞섰다.

고문추방에서 고문가해자에 대한 처벌은 중요한 대목 가운데 하나이다.

한일합섬 김근조 이사 고문치사사건을 계기로 특정범죄가중처벌 등에 관한 법률을 개정, 고문가해자에게 징역 1년 이상까지 처하게 되어 있다. 그렇지만 이후 발생한 박종철씨 사건에서 고문경관 축소·조작극은 법률개정의 취의를 무색케 하였다.

6공화국에 들어서면서도 고문추방에 대한 단호한 의지가 보이지 않는 것이 사실이다.

최근 이근안 경감의 수사에서 검찰은 처음에 "고소가 들어오면 수사하겠다"는 미온적인 자세를 보이다가 여론에 밀려서 수사에 착수했다는 비난을 사고 있다. 또 수사의 범위도 우선 김근태씨 사건과 납북어부 김성학씨 사건으로 국한하고 있어 남민전, 전민학련, 반제동맹당 사건의 고문피해자 호소를 과거처럼 수동적으로 바라보고 있다.

또 국제인권규약, 국제고문금

1988년 12월 29일 한겨레신문 5면에 실린 기사의 일부.

한겨레가 이근안 개인에만 초점을 맞춘 건 아니었다. 청산되어야 할 과거사이자, 국가기구와 법 제도의 문제를 정면으로 따져 묻는 기획물도 연재했다. '일상화된 반문명적 폭력, 고문'(1988년 12월)이 대표적이다. 고문이 군사정부의 인권유린을 대표하는 사회적 쟁점으로 떠올랐다. 여론에 밀린 당국이 본격적인 수사에 들어갔다.

이근안은 11년 동안 도피 생활을 하다 1999년 자수했고, 결국 7년 형을 선고받았다. 그는 2010년 2월 시사주간지 〈일요서울〉과의 인터뷰에서 자신은 고문 기술자가 아니며 "굳이 기술자라는 호칭을 붙여야 한다면 심문 기술자가 맞을 것 같다"며 전기고문 등 고문 수사 행위를 전면 부인했다. 그러면서 그는 그때로 돌아가도 똑같은 일을 하겠다고 밝혔다. 그리고

김근태 의장을 고문한 이근안 전 경감이 공소시효가 지난 1999년 10월 자수를 한 뒤 그해 11월 검찰로 송치되고 있다. 한겨레 자료사진.

자신의 행위를 '애국'이라고 표현했다.

이근안은 2008년 10월 대한예수교 장로회 합동개혁 교단의 통신신학 과정을 이수하고 목사 안수를 받았다. 정식으로 목회자가 된 것이다. 하지만 김근태 민주당 상임고문이 별세한 뒤 이 씨에 대한 비난 여론이 들끓자, 그가 소속됐던 기독교 교단에서 2012년 목사직을 박탈했다. 대한예수교 장로회 합동개혁총회 이도엽 교무처장은 2012년 1월 한겨레 기자를 만나 "이근안 씨가 과거에 고문 기술자로 살았던 삶을 회개하고 목사로서 신중한 삶을 살았어야 하나, 직분을 망각하고 반공강연에 나서 '고문은 예술', '나는 애국자'라는 식으로 자신의 행위를 미화했다"며 "이로 인해 이 씨가 많은 사람들에게 상처를 주고, 교단의 명예를 손상시켜 이같이 결정했다"고 말했다.

※ 한겨레 창간 30돌을 맞아, 한국사회를 바꾸는 데 기여한 특종이나 기획 기사의 뒷이야기를 〈창간 30년, 한겨레 보도〉 시리즈로 연재합니다. 이 글은 디지털 역사관인 '한겨레 아카이브'에 소개된 내용의 일부입니다. 한겨레의 살아 숨쉬는 역사가 궁금하시다면, 한겨레 아카이브 페이지(www.hani.co.kr/arti/archives)를 찾아주세요.

한겨레 30년사 편찬팀 achive@hani.co.kr

문학진이 걸어온 길

- 1954년 10월 26일 경기도 광주군 구천면 곡교리(현 서울특별시 강동구 천호동)에서 출생
- 본관 : 남평 문씨
- 종교 : 천주교(세례명 : 바오로)
- 학력 : 구서국민학교(현 천호초등학교) 졸업
  서울중학교 졸업
  서울고등학교 졸업
  고려대학교 문과대학 사학과 졸업
- 이력 : 조선일보 기자(1987년 월간조선 '부천서 성고문사건' 보도)
  한겨레신문 기자(1988년 한겨레신문 '고문 기술자 이근안'으로 보도부문 특종상)
  새정치국민회의 정책조정위 부위원장
  참여정부 대통령비서실 정무수석실 정무1비서관
  제17대 국회의원(정무위 간사, 건설교통위 위원, 예산결산위 위원)
  국민생활체육 전국택견연합회 회장
  열린우리당 남북평화특별위원회 위원장
  남북체육교류협회 초대 회장
  국회 '철도로세계로 의원포럼' 대표
  제18대 국회의원(외교통상통일위 간사, 행정안전위 위원)
  민주희망쇄신연대 공동대표
  민주당 전당대회준비위원회 부위원장
  경기평택항만공사 사장
  대한민국대전환 선거대책위원회 이재명 후보 직속 정무특보단 단장
- 저서 : 『고문 경찰보다 힘센 남자』(풀빛, 1996)
  『백범 김구처럼』(풀빛, 1999)
  『99% 편에 선 Mr. 비주류』(산하, 2011)
  『역사 앞에서 나는 부끄럽다 : 한 민주당원의 가슴으로 쓴 참회록』(산하, 2013)